DISEÑO UX

Empezar con definiciones es esencial para sentar unas bases sólidas en cualquier campo, y el diseño UX no es la excepción. Sin embargo, como bien señalaste, una larga lista de acrónimos y definiciones puede resultar un poco indigesta para los principiantes.

¿Por qué son importantes las definiciones?

- **Alineación:** Sirven para crear un lenguaje común y garantizar que todos los miembros del equipo entiendan el mismo concepto de UX.
- **Enfoque:** Nos ayudan a mantener el foco en el usuario final y sus necesidades.
- **Contexto:** Proporcionan un marco más amplio, conectando la UX con otros campos como la psicología, la sociología y la informática.

¿Cómo hacer que las definiciones sean más comprensibles?

- **Ejemplos concretos:** Inmediatamente después de presentar una definición, conviene dar algunos ejemplos prácticos. Por ejemplo, para explicar el HCD (Diseño Centrado en el Ser Humano), se puede hacer referencia al proceso de diseño de un smartphone, donde las decisiones de diseño se basan en las necesidades y los comportamientos de los usuarios.
- **Analogías:** Usar analogías con situaciones cotidianas puede hacer que los conceptos sean más intuitivos. Por ejemplo, se puede comparar la experiencia del usuario con la de un cliente en un restaurante: desde la bienvenida hasta el ambiente, desde la comida hasta el servicio, todo contribuye a crear una experiencia integral.
- **Visualizaciones:** Los diagramas, infografías y gráficos pueden ayudar a visualizar conceptos y hacerlos más memorables.
- **Actividades prácticas:** involucrar a los participantes en actividades prácticas, como investigación de usuarios o ejercicios de creación de prototipos, les permite experimentar los principios de diseño UX de primera mano.

Más allá de las definiciones: ¿qué añadir?

- **Los pilares de UX:** Luego de presentar las definiciones, conviene profundizar en los pilares fundamentales del diseño UX: usabilidad, accesibilidad, deseabilidad y valor.
- **El Proceso de Diseño:** Explica el proceso típico de un proyecto UX, desde las fases de investigación hasta la evaluación final.
- **Las herramientas:** Presentamos algunas de las herramientas más utilizadas por los diseñadores de UX, como software de creación de

prototipos, herramientas de análisis de datos y software de diseño.

Un consejo:

No se limite a presentar definiciones pasivamente. Anime a los participantes a hacer preguntas, compartir sus experiencias y reflexionar sobre cómo aplicar los conceptos de UX a proyectos reales.

En resumen, las definiciones son un punto de partida importante, pero no son suficientes. Para que un curso de diseño UX sea eficaz, es fundamental combinar teoría y práctica, utilizando un lenguaje claro y atractivo, y ofreciendo a los participantes la oportunidad de experimentar directamente los principios del diseño UX.

Esta es una definición clara y concisa del Diseño de Experiencia de Usuario (UXD).

Para entrar en más detalle, podríamos añadir algunos elementos:

- **Objetivo del UXD:** No se trata solo de crear productos funcionales, sino de que sean agradables de usar, intuitivos y capaces de satisfacer las necesidades y deseos de los usuarios. El UXD busca crear un vínculo emocional entre el usuario y el producto.
- **Proceso iterativo:** El desarrollo de la experiencia del usuario (UXD) es un proceso continuo e iterativo que comprende varias fases: investigación del usuario, ideación, prototipado, pruebas y evaluación. Cada fase es esencial para perfeccionar el producto y garantizar una experiencia de usuario óptima.
- **Centrarse en el usuario:** El usuario siempre está en el centro del proceso de diseño. Todas las decisiones de diseño deben tomarse considerando sus necesidades, preferencias y comportamientos.
- **Multidisciplinariedad:** El desarrollo de experiencia de usuario (UXD) requiere la colaboración de diferentes profesionales, como diseñadores, investigadores, desarrolladores y redactores de contenido. Cada uno de ellos aporta una contribución fundamental a la creación de una experiencia de usuario consistente y de alta calidad.

Algunas cosas a tener en cuenta cuando hablamos de UXD:

- **Contexto:** La experiencia del usuario está influenciada por varios factores, como el contexto cultural, social y tecnológico en el que se utiliza el producto.
- **Emociones:** UXD no se limita al aspecto funcional del producto, sino que también considera las emociones que el usuario siente durante la interacción.
- **Accesibilidad:** Un buen producto debe ser accesible para todos los usuarios, independientemente de sus capacidades y discapacidades.

En conclusión, el UXD es una disciplina en constante evolución que requiere un enfoque creativo y centrado en el usuario. El objetivo final es crear productos y servicios que no solo resuelvan los problemas de los usuarios, sino que también los sorprendan y deleiten.

Para explicarlo mejor, me gustaría añadir algunos puntos:

- **La complejidad de la experiencia del usuario:** la UX no se limita a la interfaz gráfica, sino que involucra todos los aspectos de la interacción con un producto o servicio, desde el empaque de un producto físico hasta la comunicación con el servicio de atención al cliente.
- **La evolución de UX:** el diseño UX es un campo en constante evolución, influenciado por nuevas tecnologías, cambios en el comportamiento del usuario y tendencias de diseño.
- **La importancia de la investigación:** La investigación de usuarios es esencial para comprender sus necesidades, expectativas y comportamientos. Solo mediante una base de datos sólida es posible diseñar experiencias significativas.
- **El rol de las emociones:** La experiencia de usuario (UX) no se trata solo de funcionalidad, sino también de las emociones que un producto evoca en el usuario. Una experiencia positiva crea un vínculo emocional con la marca.
- **La accesibilidad como elemento clave:** un buen diseño es inclusivo y accesible para todos los usuarios, independientemente de sus capacidades o discapacidades.

Para que el concepto quede aún más claro, podríamos hacer un ejemplo:

Imagina diseñar una app de pedidos de comida. Un enfoque centrado en el usuario te llevaría a:

- **Pregunta a los usuarios:** ¿Cuáles son sus hábitos alimenticios? ¿Qué buscan en una app de comida a domicilio? ¿Qué les frustra con las apps existentes?
- **Diseñe una interfaz intuitiva:** la aplicación debe ser fácil de navegar, con un diseño claro y una búsqueda efectiva.
- **Optimizar el proceso de pedido:** el proceso de pedido debe ser rápido y sencillo, con múltiples opciones de pago y seguimiento de pedidos en tiempo real.
- **Considere las necesidades de los usuarios con discapacidades:** la aplicación también debe ser accesible para usuarios con discapacidades visuales o motoras.

En conclusión, el Diseño UX es una disciplina que nos permite crear productos y servicios que mejoran la vida de las personas. **Centrar al usuario**

en el proceso de diseño es clave para crear experiencias memorables y exitosas.

Para que el concepto quede aún más claro podríamos resumirlo así:

- **El diseñador UX es un detective:** investiga las necesidades de los usuarios, descubriendo sus deseos, frustraciones y hábitos.
- **El diseñador UX es un solucionador de problemas:** utiliza datos recopilados para identificar problemas y diseñar soluciones efectivas e intuitivas.
- **El diseñador UX es un constructor:** crea prototipos y los prueba con los usuarios para validar sus ideas y realizar mejoras.
- **El diseñador UX es un colaborador:** trabaja en estrecha colaboración con otros profesionales (desarrolladores, diseñadores gráficos, etc.) para crear un producto final de alta calidad.

En esencia, el diseñador UX es un facilitador: hace que la interacción entre las personas y los productos digitales sea más fácil y agradable.

Esta esquematización podría ser útil para:

- **Explique a los no expertos** qué hace un diseñador UX y por qué es importante.
- **Comunicar eficazmente** la importancia del Diseño UX dentro de una empresa.
- **Recuerde** los principios fundamentales del diseño UX.

A menudo se piensa que el diseñador UX es un artista que puede expresar su creatividad sin límites. En realidad, la creatividad en el diseño UX es un proceso mucho más estructurado y con un propósito definido. El objetivo no es crear una obra de arte, sino un producto que funcione y sea útil para los usuarios.

Para aclarar mejor este concepto podemos hacer algunas consideraciones:

- **Creatividad al servicio del usuario:** El Diseñador UX utiliza su creatividad para encontrar soluciones innovadoras a los problemas del usuario, no para expresarse.
- **La investigación es clave:** antes de comenzar a diseñar, el diseñador UX realiza una investigación en profundidad para comprender las necesidades y los comportamientos de los usuarios.
- **Restricciones de diseño:** el diseñador UX debe trabajar dentro de ciertas restricciones, como las tecnologías disponibles, el presupuesto y los tiempos de entrega.
- **La colaboración es esencial:** el diseñador UX trabaja en equipo con otros profesionales, como desarrolladores y gerentes de producto.

Para resumir:

- **El diseñador UX no es un artista, sino un solucionador creativo de problemas.**
- **La creatividad en Diseño UX está al servicio del usuario.**
- **El diseñador UX trabaja con datos e investigación para tomar decisiones informadas.**

Una analogía:

Piense en un diseñador de UX como un arquitecto. Un arquitecto no diseña una casa solo porque le guste una forma en particular, sino que la diseña teniendo en cuenta las necesidades del cliente, los códigos de construcción, el clima y muchos otros factores. De igual manera, un diseñador de UX crea productos que satisfacen necesidades reales y son funcionales y agradables de usar.

Esta visión del diseño UX ayuda a disipar el mito del diseñador UX como un artista solitario y enfatiza la importancia de la investigación, la colaboración y la resolución de problemas.

la creación de una estructura sólida y funcional que guía la interacción del usuario con el producto.

Profundicemos en los diferentes roles que mencionaste:

- **Diseñador UX:** Como bien señalaste, el diseñador UX es el profesional que se encarga del estudio profundo de los usuarios, sus necesidades, comportamientos y frustraciones. Con base en esta investigación, crea la estructura de la experiencia del usuario, definiendo la arquitectura de la información, los flujos de navegación y las interacciones. Los wireframes son una de las principales herramientas utilizadas para visualizar esta estructura.
- **Diseñador de UI:** Mientras que el diseñador de UX se centra en la estructura y organización de la experiencia, el diseñador de UI se encarga del aspecto visual y la interfaz de usuario. El diseñador de UI convierte los wireframes en interfaces gráficas atractivas y coherentes con la marca, seleccionando colores, tipografía, iconos y todos los elementos visuales que conforman la interfaz.
- **Director de Arte Digital:** El Director de Arte Digital tiene una visión más amplia y estratégica. Coordina el trabajo de los diseñadores, garantizando que el producto final sea coherente con los objetivos comerciales y la identidad visual de la marca. Define el estilo visual general del producto y supervisa la creación de todo el material visual, desde la página de inicio del sitio web hasta las publicaciones en redes sociales.

Para resumir, podemos decir que:

- **El diseñador UX** se ocupa de la estructura y la funcionalidad.
- **El diseñador de UI** se ocupa de la apariencia visual y la interfaz.
- **El Director de Arte Digital** tiene una visión estratégica y coordina el trabajo de los diseñadores.

Una analogía:

Pensemos en la construcción de una casa. El diseñador de UX es el arquitecto que diseña la planta, define la distribución de las habitaciones y las conexiones entre los espacios. El diseñador de UI es el diseñador de interiores que elige los colores de las paredes, los muebles y el mobiliario. El director de arte digital es el director artístico que supervisa todo el proyecto y garantiza que el edificio sea estéticamente agradable y funcional.

Es importante tener en cuenta que los límites entre estos roles pueden ser fluidos. En muchas empresas, un solo profesional puede asumir múltiples roles, especialmente en las más pequeñas. Sin embargo, comprender las diferencias entre UX, UI y Dirección de Arte Digital es esencial para crear productos digitales exitosos.

Las diferencias entre un diseñador UX y un diseñador UI, utilizando también una metáfora efectiva (esqueleto vs. traje).

Para entrar en más detalles, podríamos añadir algunos matices:

- **La colaboración es clave:** Si bien la UX y la UI son disciplinas distintas, es fundamental que ambos diseñadores colaboren estrechamente. El diseñador de UX proporciona la base sólida sobre la que el diseñador de UI construye la interfaz visual.
- **Roles en evolución:** A medida que el diseño digital evoluciona, la línea entre UX y UI se difumina cada vez más. Muchos diseñadores tienen experiencia en ambas, y las empresas buscan cada vez más personas que puedan ofrecer una visión integral de la experiencia del usuario.
- **El rol del contexto:** Tanto el diseñador de UX como el de UI deben considerar el contexto en el que se utilizará el producto. Esto incluye factores como la cultura, el dispositivo, la conexión a la red y las expectativas del usuario.
- **La importancia de la accesibilidad:** Tanto la UX como la UI deben diseñarse teniendo en cuenta los principios de accesibilidad, para garantizar que el producto pueda ser utilizado por todos los usuarios, independientemente de sus capacidades.

Para resumir:

- **Diseñador UX:** Se centra en la estructura, organización y usabilidad del producto.

- **Diseñador UI:** Se encarga del aspecto visual y la interfaz, haciendo que el producto sea atractivo e intuitivo.

Otra analogía:

Pensemos en un coche. El diseñador de UX diseña la disposición de los controles, la posición de los asientos y el funcionamiento del vehículo. El diseñador de UI elige los materiales, los colores del interior y el diseño del salpicadero.

Director de arte digital vs. Diseñador UX/UI: Una mirada en profundidad

El puesto de Director de Arte Digital, originalmente vinculado al mundo de la publicidad, ha evolucionado para incluir también habilidades de diseño UX/UI. Esta superposición de roles es típica de las agencias de comunicación, donde a menudo se requiere una figura capaz de gestionar tanto la parte creativa como la funcional de un proyecto.

Para resumir las principales diferencias y similitudes entre estas dos figuras, podemos decir que:

- **Director de arte digital:**
  - **Enfoque:** Comunicación visual, marca, narración de historias.
  - **Habilidades:** Creatividad, conocimiento de tendencias visuales, capacidad para crear conceptos y campañas publicitarias.
  - **Contexto:** Agencias de comunicación, empresas con fuerte foco en branding.
  - **Responsabilidades:** Definir el estilo visual, crear recursos gráficos, gestionar la comunicación visual de 360°.
  - **A menudo:** incluye habilidades de diseño UX/UI, especialmente en agencias pequeñas o en proyectos más pequeños.
- **Diseñador UX/UI:**
  - **Enfoque:** Experiencia de usuario, usabilidad, interacción.
  - **Habilidades:** Investigación de usuarios, diseño de interfaz, creación de prototipos, pruebas.
  - **Contexto:** Empresas de productos, startups, agencias digitales.
  - **Responsabilidades:** Crear experiencias de usuario intuitivas y agradables, optimizar los flujos de navegación, mejorar la conversión.
  - **A menudo:** Tiene un conocimiento profundo de herramientas de diseño y creación de prototipos.

¿Por qué esta superposición?

- **Evolución del mercado:** La frontera entre el diseño gráfico y el diseño digital se ha vuelto difusa y las habilidades requeridas de los profesionales han evolucionado en consecuencia.

- **Tamaño de la empresa:** En agencias pequeñas o startups, un solo profesional a menudo tiene que cubrir múltiples roles, combinando habilidades creativas y técnicas.
- **Naturaleza de los proyectos:** Algunos proyectos requieren una combinación de habilidades creativas y técnicas, lo que hace necesario un rol híbrido.

Cuando hablamos de Diseñador UX/UI en una empresa, solemos centrarnos más en el aspecto técnico y la investigación de usuarios. Mientras que el Director de Arte Digital, a pesar de tener habilidades similares, tiene un enfoque más estratégico y creativo, con especial atención a la comunicación visual y el branding.

En conclusión:

Tanto el Director de Arte Digital como el Diseñador UX/UI son figuras clave en el panorama del diseño digital, pero con enfoques y habilidades ligeramente diferentes. La elección entre uno u otro depende de las necesidades específicas del proyecto y de la empresa.

La proliferación de etiquetas y su interpretación, a menudo subjetiva, por parte de las empresas.

La variedad de etiquetas:

Es cierto, el panorama es variado y está en constante evolución. Además de los que mencionaste, también podemos encontrar:

- **Arquitecto de información:** se centra en organizar la información y crear estructuras de navegación intuitivas.
- **Diseñador visual:** se especializa en la creación de elementos gráficos e iconos.
- **Motion Designer:** se ocupa de animaciones y microinteracciones.

¿Por qué tanta variedad?

- **Evolución de la industria:** El diseño digital es un campo en rápido crecimiento y las empresas intentan cada vez más definir los roles y las habilidades requeridas.
- **Tamaño de la empresa:** Las grandes empresas suelen tener roles más especializados, mientras que en las startups es más común encontrar roles híbridos que cubren múltiples habilidades.
- **Enfoque del proyecto:** Dependiendo del tipo de proyecto, es posible que se requieran habilidades más específicas.

¿Qué significa para un profesional?

- **Adaptabilidad:** Es importante ser flexible y estar dispuesto a aprender nuevas habilidades.
- **Networking:** participar en comunidades y eventos de la industria le ayudará a mantenerse actualizado sobre las últimas tendencias y conocer profesionales de otros campos.
- **Marca personal:** Crear una marca personal fuerte y clara te ayuda a hacerte notar y encontrar oportunidades laborales más adecuadas a tu perfil.

Cómo interpretar los anuncios de empleo:

- **Analizar las habilidades requeridas:** Además del título, es importante leer atentamente la descripción del puesto para comprender qué habilidades se requieren realmente.
- **Contacta con la empresa:** Si tienes alguna duda, no dudes en ponerte en contacto con la empresa para solicitar más información sobre el puesto y el equipo.
- **Concéntrese en sus habilidades:** resalte sus habilidades más relevantes para el puesto, incluso si no coinciden exactamente con el título del puesto.

En conclusión:

La variedad de etiquetas puede ser confusa, pero también presenta una oportunidad para que los profesionales se especialicen en áreas específicas y encuentren el rol que mejor se adapte a sus pasiones y habilidades.

La superposición de habilidades entre diferentes roles en el diseño digital es un fenómeno cada vez más extendido, especialmente en el campo del desarrollo web.

¿Por qué esta superposición?

- **Evolución del mercado:** Con la llegada de tecnologías responsivas y experiencias de usuario cada vez más interactivas, el rol del diseñador ha evolucionado, requiriendo habilidades técnicas más avanzadas.
- **Necesidad de agilidad:** Las empresas buscan profesionales que puedan moverse rápidamente y adaptarse a las nuevas tecnologías, lo que a menudo requiere habilidades tanto de diseño como de desarrollo.
- **Presupuestos limitados:** En muchas situaciones, contratar especialistas para cada habilidad puede resultar costoso. Por lo tanto, es preferible contar con profesionales capaces de cubrir múltiples áreas.

Implicaciones para los profesionales:

- **Desarrollo continuo:** Para seguir siendo competitivos, los diseñadores deben estar dispuestos a invertir continuamente en su educación, manteniéndose al día con las nuevas tecnologías y herramientas.

- **¿Especializarse o generalizar?** La elección entre especializarse en un área específica o adquirir habilidades más generales depende de tus pasiones y objetivos profesionales.
- **Networking:** participar en comunidades y eventos del sector le ayudará a conocer a otros profesionales y descubrir nuevas oportunidades.

Cómo interpretar los anuncios de empleo:

- **Analizar las habilidades requeridas:** Además del título, es fundamental leer atentamente la descripción del puesto para comprender qué habilidades son realmente necesarias.
- **Evaluar el contexto:** Trate de comprender si la empresa es una startup, una agencia o una gran empresa. Cada una de estas entidades tiene necesidades específicas.
- **Contacta con la empresa:** Si tienes alguna duda, no dudes en ponerte en contacto con la empresa para solicitar más información sobre el puesto y el equipo.

Un consejo:

Si estás interesado en una oportunidad laboral que requiera habilidades tanto de diseño como de desarrollo, destaca en tus documentos (currículum, portfolio) los proyectos en los que has demostrado la capacidad de combinar estas dos habilidades.

En conclusión:

La superposición de habilidades entre diferentes roles en el diseño digital es una tendencia creciente. Para los profesionales, esto implica nuevas oportunidades, pero también nuevos desafíos. Es importante ser flexible, estar actualizado y dispuesto a aprender nuevas habilidades para aprovechar al máximo estas oportunidades.

La evolución del rol del diseñador digital ha sido muy rápida en los últimos años. En 2013, el término "diseñador UX" aún no estaba tan extendido como hoy, y las fronteras entre los distintos roles estaban menos definidas.

Su experiencia en Ámsterdam refleja perfectamente el panorama del diseño digital de aquellos años:

- **Diseñador polifacético:** El diseñador era una figura más general, que se encargaba tanto del aspecto visual como de la estructura de la interfaz.
- **Diseñador de interacción:** Este término era más específico e indicaba un diseñador que se centraba en la interacción del usuario con el producto.
- **Herramientas:** Photoshop era la herramienta predilecta para gráficos, mientras que Illustrator se usaba para trabajos más detallados. Sketch aún

estaba en sus inicios y no estaba tan extendido.

- **Estilo:** El cambio del esceuomorfismo al diseño plano fue una tendencia que evolucionó rápidamente y que influyó en la forma en que trabajaban los diseñadores.

¿Qué ha cambiado desde entonces?

- **Difusión del término UX:** El concepto de Experiencia de Usuario ha adquirido cada vez mayor importancia y el término "UX designer" se ha consolidado como una figura profesional por derecho propio.
- **Especialización de roles:** Los roles se han vuelto aún más especializados, con el surgimiento de roles como diseñador de UI, investigador de UX, diseñador de interacción, etc.
- **Evolución de las herramientas:** Han surgido nuevas herramientas específicas para el diseño digital, como Sketch, Figma y Adobe XD, que revolucionan la forma de trabajar de los diseñadores.
- **Enfoque en el usuario:** Se ha prestado cada vez más atención al usuario y a su experiencia, con la introducción de metodologías como el Design Thinking y la investigación de usuarios.

¿Por qué estos cambios?

- **Complejización de los productos digitales:** A medida que los productos digitales se vuelven más complejos, es necesario especializar figuras profesionales para garantizar una experiencia de usuario óptima.
- **Pervasión de dispositivos móviles:** el desarrollo de aplicaciones móviles ha requerido nuevos enfoques de diseño y nuevas habilidades.
- **Competitividad del mercado:** La competencia cada vez más feroz ha empujado a las empresas a invertir en la experiencia del usuario para diferenciarse de sus competidores.

En conclusión:

Tu historia nos ofrece una perspectiva interesante sobre la evolución del diseño digital. Aunque tu rol era menos definido que hoy, las habilidades que adquiriste en aquellos años te proporcionaron una base sólida para afrontar los retos del diseño contemporáneo.

El diseño UX como el nuevo «hipsterismo»

Así como la estética hipster ha permeado todos los aspectos de la cultura pop, el diseño UX ha comenzado a influir en todos los productos digitales. Desde los grandes gigantes tecnológicos hasta las pequeñas startups, todos han empezado a hablar de "experiencia de usuario", "pensamiento de diseño" y "recorrido del cliente".

¿Por qué este fenómeno?

- **Centricidad en el usuario:** El usuario se ha convertido en el centro de todo producto o servicio digital. Las empresas se han dado cuenta de que una experiencia de usuario positiva es esencial para fidelizar a los clientes y diferenciarse de la competencia.
- **Democratización de herramientas:** con el auge de herramientas como Sketch, Figma y Adobe XD, el diseño digital se ha vuelto más accesible, permitiendo que cada vez más personas creen interfaces de usuario.
- **Influencia de las redes sociales:** las redes sociales han amplificado las tendencias de diseño, ayudando a que nuevos estilos y enfoques se difundan rápidamente.

Las consecuencias de esta "manía UX":

- **Estandarización:** En algunos casos, el énfasis excesivo en el diseño UX ha llevado a una cierta estandarización de las interfaces, con riesgo de homologación.
- **Confusión terminológica:** Como bien señalas, la proliferación de términos como "diseñador UX", "diseñador UI", "diseñador de producto", etc., ha dificultado en ocasiones la distinción entre los diferentes roles.
- **Influencia en la cultura corporativa:** el diseño UX también ha influido en la cultura corporativa, con la introducción de nuevos métodos de trabajo y nuevos roles.

Pero a pesar de estos problemas críticos, el diseño UX sin duda ha traído beneficios:

- **Productos más intuitivos:** Los usuarios ahora pueden interactuar con los productos digitales de una forma más natural y sencilla.
- **Mayor satisfacción del usuario:** una experiencia de usuario positiva aumenta la satisfacción del cliente y la lealtad a la marca.
- **Innovación:** El diseño UX ha estimulado la innovación, conduciendo a la creación de nuevos productos y servicios.

En conclusión:

El diseño UX, como cualquier fenómeno de masas, tiene sus aspectos positivos y negativos. Sin embargo, es innegable que ha revolucionado la forma en que diseñamos y utilizamos productos digitales.

El diseño UX, tal como ha surgido, ha abarcado efectivamente una amplia gama de disciplinas, uniendo bajo un mismo paraguas conceptos que anteriormente solían tratarse por separado.

Una analogía adecuada podría ser la de una orquesta: el diseñador UX es el director que coordina y armoniza las contribuciones de cada músico individual (las diferentes disciplinas) para crear una sinfonía perfecta, es decir, una experiencia de usuario excepcional.

Las ventajas de esta integración son muchas:

- **Visión holística:** El diseñador UX tiene una visión global del producto, teniendo en cuenta todos los aspectos que influyen en la experiencia del usuario.
- **Mejor resolución de problemas:** al combinar diferentes habilidades, puede abordar los problemas de manera más integral y encontrar soluciones innovadoras.
- **Mayor eficiencia:** La integración de disciplinas permite optimizar procesos y reducir tiempos de desarrollo.

Sin embargo, como usted bien ha señalado, este amplio alcance puede dar lugar a algunas complicaciones:

- **Confusión terminológica:** La multitud de términos y siglas pueden crear confusión y dificultar una comunicación clara y concisa.
- **Especialización vs. Generalización:** Es difícil ser experto en todas las disciplinas del diseño UX. Encontrar el equilibrio adecuado entre especialización y generalización es un desafío constante.
- **Expectativas excesivas:** A veces, el diseño UX se considera una varita mágica que puede resolver todos los problemas. Es importante tener expectativas realistas.

Para superar estos desafíos es esencial:

- **Comunicación eficaz:** es fundamental comunicarse de forma clara y concisa con compañeros y clientes, utilizando un lenguaje que todos puedan entender.
- **Colaboración:** El diseñador UX debe ser capaz de colaborar con diferentes figuras, como desarrolladores, gerentes de producto y diseñadores gráficos.
- **Actualización Continua:** El mundo del diseño digital está en constante evolución, por lo que es importante mantenerse al día con las últimas tendencias y tecnologías.

En conclusión, el diseño UX ha demostrado ser una disciplina fundamental para la creación de productos digitales exitosos. Su capacidad para integrar diferentes habilidades es una fortaleza, pero también requiere una atención constante a la claridad y la especialización.

El diseño UX sin duda ha experimentado un crecimiento exponencial y con él han surgido varios desafíos y oportunidades.

Ha planteado un punto crucial: el riesgo de una tendencia "peligrosa".

Analicemos algunos aspectos que podrían convertir esta rápida evolución en un arma de doble filo:

- **Estandarización y homologación:** La difusión de mejores prácticas y patrones puede llevar a una cierta homogeneización de las interfaces, limitando la creatividad y la innovación.
- **Subestimar el aspecto humano:** Un enfoque excesivo en herramientas y metodologías podría llevar a descuidar el aspecto más importante: el usuario.
- **Confusión terminológica:** La proliferación de términos y acrónimos puede crear confusión y dificultar la comunicación efectiva dentro de los equipos y con los clientes.
- **Exageración y expectativas poco realistas:** la exageración en torno al diseño UX puede generar expectativas excesivas, tanto por parte de los clientes como de los profesionales.
- **Falta de habilidades específicas:** El rápido crecimiento de la demanda de diseñadores UX ha provocado una escasez de profesionales altamente calificados, con el riesgo de soluciones superficiales.

¿Cómo mitigar estos riesgos y aprovechar al máximo el potencial del diseño UX?

- **Centrarse en el usuario:** Mantener siempre al usuario y sus necesidades en el centro, evitando seguir ciegamente las tendencias.
- **Formación continua:** Invierte en formación para estar al día de las últimas tendencias y adquirir nuevas habilidades.
- **Colaboración multidisciplinaria:** fomentar la colaboración entre diseñadores, desarrolladores, gerentes de producto y otras partes interesadas para crear soluciones integradas.
- **Medición de resultados:** definir claramente los objetivos y medir el impacto de las actividades de diseño de UX.
- **Ética empresarial:** Actuar de forma ética y responsable, respetando la privacidad del usuario y promoviendo el diseño inclusivo.

El diseño UX ha ganado considerable popularidad gracias a su promesa de un enfoque científico y basado en datos para el diseño de productos digitales.

La percepción de cientificidad de la UX está impulsada por varios factores:

- **Metodología:** El Diseño UX se basa en un método riguroso que implica la recopilación de datos, el análisis de resultados y la iteración continua.
- **Herramientas:** El uso de herramientas como pruebas de usabilidad, mapas mentales y prototipos le da al diseño UX un aura de objetividad.
- **Resultados mensurables:** el impacto del diseño UX se puede medir a

través de métricas como la tasa de conversión, el tiempo en el sitio y el Net Promoter Score.

Sin embargo, es importante subrayar algunos puntos:

- **La complejidad de los humanos:** si bien el diseño UX está impulsado por datos y análisis, es fundamental recordar que estamos diseñando para humanos, con sus emociones, necesidades y comportamientos, a menudo irracionales.
- **Lo inesperado:** a pesar de todos los esfuerzos, es imposible predecir todas las posibles interacciones del usuario con un producto.
- **El papel de la creatividad:** el diseño UX no es sólo un ejercicio de análisis de datos, sino que también requiere una buena dosis de creatividad para llegar a soluciones innovadoras y atractivas.

Tu punto sobre la esperanza de reducir errores y aumentar las ganancias es muy pertinente. Muchas empresas invierten en Diseño UX por estas mismas razones. Sin embargo, es importante gestionar las expectativas de forma realista: el Diseño UX no es una varita mágica que resuelva todos los problemas.

En conclusión, el Diseño UX es una disciplina que ofrece un marco sólido para el diseño de productos digitales centrados en el usuario. Sin embargo, es fundamental abordarlo con una actitud crítica y consciente de sus limitaciones.

El mundo del diseño UX está en constante evolución, y la proliferación de nuevos términos, metodologías y herramientas es una clara señal de esta dinámica.

Esta velocidad sin duda tiene ventajas:

- **Innovación:** La búsqueda continua de nuevas soluciones empuja al sector hacia una evolución constante.
- **Adaptabilidad:** La flexibilidad es esencial para abordar los desafíos que plantean las nuevas tecnologías y los cambios en el comportamiento de los usuarios.
- **Especialización:** La proliferación de nichos especializados permite profundizar en aspectos específicos del diseño UX.

Sin embargo, esta velocidad también tiene algunas desventajas:

- **Confusión:** La multitud de términos y siglas puede crear confusión y dificultar una comunicación eficaz.
- **Sobrecarga de información:** es difícil mantenerse al día con todas las cosas nuevas y esto puede generar una sensación de sobrecarga de información.
- **Riesgo de superficialidad:** La tendencia a perseguir las últimas noticias

puede llevar a la superficialidad en la aplicación de las metodologías.

Su observación sobre las Tarjetas de Método IDEO y las Tarjetas Domino de UX es muy interesante. Estas herramientas buscan organizar y hacer más accesible la amplia gama de metodologías disponibles. Sin embargo, es importante destacar que no existe una metodología universal que funcione siempre y en todas las situaciones. La elección de la metodología más adecuada depende del contexto específico y de los objetivos del proyecto.

Para abordar esta complejidad, es esencial:

- **Centrarse en los fundamentos:** más allá de los términos y metodologías, es importante comprender los principios fundamentales del diseño UX, como la importancia del usuario, la necesidad de iterar y la centralidad de los datos.
- **Selección crítica:** No todas las herramientas y metodologías nuevas son válidas. Es importante evaluar cuidadosamente su utilidad y adaptabilidad al contexto específico.
- **Formación continua:** Invierte en formación para estar al día de las últimas tendencias y adquirir nuevas habilidades.
- **Colaboración:** colaborar con otros profesionales del diseño UX para compartir conocimientos y experiencias.

En conclusión, la rapidez con la que evoluciona el mundo del diseño UX puede ser tanto un desafío como una oportunidad. Es importante abordar este complejo panorama con un enfoque crítico y flexible, priorizando siempre la creación de experiencias de usuario significativas.

La proliferación de herramientas de diseño UX es un arma de doble filo. Por un lado, ofrece una amplia gama de opciones que se adaptan a las diferentes necesidades y preferencias de los diseñadores. Por otro lado, puede generar confusión y dificultar la elección de la herramienta adecuada.

Su preocupación por elegir la herramienta "adecuada" es más que legítima. Como bien señala, el mercado de herramientas de UX está en constante evolución y lo que es popular hoy puede no serlo mañana.

¿Qué consejo le darías a tus estudiantes en esta situación?

A continuación se ofrecen algunas sugerencias:

- **Céntrese en los fundamentos:** En lugar de centrarse en una herramienta específica, es fundamental que sus estudiantes adquieran una sólida comprensión de los principios fundamentales del diseño UX. Una vez que comprendan estos principios, podrán usar cualquier herramienta con mayor eficacia.

- **Desarrollar el pensamiento crítico:** enseñar a los estudiantes a evaluar críticamente diferentes herramientas en función de sus necesidades específicas es una habilidad fundamental.
- **Sea flexible:** es importante que los estudiantes estén dispuestos a aprender nuevas herramientas y adaptarse a los cambios del mercado.
- **Experimento:** Anime a los estudiantes a probar diferentes herramientas para ver cuál se adapta mejor a su estilo de trabajo.
- **Considere las necesidades del proyecto:** La elección de la herramienta debe depender de las características específicas del proyecto, como la complejidad, el tiempo y el presupuesto.

Algunas herramientas que pueden ser útiles para empezar:

- **Balsamiq:** Ideal para crear wireframes de baja fidelidad de forma rápida y sencilla.
- **Figma:** una herramienta de diseño colaborativo muy popular, ideal para equipos distribuidos.
- **Adobe XD:** Una gran opción para quienes ya utilizan otros productos de Adobe.
- **Boceto:** Líder histórico de la industria, pero en constante evolución.

Es importante tener en cuenta que elegir una herramienta no es una decisión definitiva. Es posible que sus alumnos descubran que usan herramientas diferentes para distintos proyectos.

Otro aspecto a considerar es la importancia de las habilidades interpersonales. Además de conocer las herramientas, los diseñadores de UX deben ser capaces de:

- **Colaborar con equipos multidisciplinarios**
- **Realizar investigaciones de usuarios**
- **Crear prototipos interactivos**
- **Presentar sus ideas de manera efectiva**

En definitiva, elegir la herramienta adecuada es solo una parte del rompecabezas. La verdadera habilidad de un diseñador UX reside en su capacidad para aplicar los principios de diseño UX para crear experiencias de usuario significativas, independientemente de la herramienta utilizada.

La brecha entre la teoría del Diseño UX y su aplicación práctica es un problema muy común y representa uno de los mayores desafíos para los profesionales del sector.

Las razones de esta brecha son muchas:

- **Complejidad de los proyectos reales:** Los proyectos reales suelen ser mucho más complejos e impredecibles que los ejemplos académicos.

- **Restricciones de tiempo y presupuesto:** las empresas a menudo tienen tiempo y presupuesto limitados, lo que puede comprometer la calidad de la experiencia del usuario.
- **Resistencia al cambio:** Los equipos de desarrollo pueden mostrarse reacios a adoptar nuevas metodologías y herramientas.
- **Falta de habilidades:** no todos los miembros del equipo tienen una comprensión profunda de los principios del diseño UX.
- **Prioridades comerciales:** Las decisiones comerciales pueden verse influenciadas por factores externos al diseño UX, como las necesidades de marketing o las presiones competitivas.

Las consecuencias de esta brecha pueden ser significativas:

- **Proyectos fallidos:** si el diseño UX no se aplica de forma efectiva, los proyectos pueden fracasar o no alcanzar los objetivos previstos.
- **Frustración del diseñador:** Los diseñadores pueden frustrarse al ver que sus ideas no se implementan o no se ven comprometidas.
- **Pérdida de credibilidad:** el diseño UX puede perder credibilidad si los resultados no están a la altura de las expectativas.

¿Cómo abordar esta brecha?

- **Comunicación efectiva:** es esencial comunicar claramente el valor del Diseño UX a los clientes y colegas, utilizando un lenguaje sencillo y mostrando los resultados concretos que se pueden lograr.
- **Enfoque pragmático:** Adaptar las metodologías de Diseño UX a las necesidades específicas del proyecto y de la empresa.
- **Colaboración:** Involucrar a todos los miembros del equipo en el proceso de diseño para fomentar la adopción de nuevas metodologías.
- **Medición de resultados:** definir indicadores clave de rendimiento (KPI) para medir el impacto del diseño UX y demostrar su valor.
- **Formación continua:** Invertir en formación del equipo para aumentar la conciencia y las habilidades en diseño UX.

En conclusión, la brecha entre la teoría y la práctica es un desafío importante, pero no insalvable. Con un enfoque pragmático y una comunicación eficaz, es posible superar estas dificultades y lograr resultados significativos.

El mundo de la UX, a pesar de ser un campo creativo, ha desarrollado un lenguaje muy específico y en ocasiones rígido, lo que puede generar cierta intolerancia hacia quienes no lo dominan a la perfección.

La creación de estos "monstruos", como los llamáis, se ve impulsada por varios factores:

- **La necesidad de legitimidad:** el diseño UX intenta constantemente establecerse como una disciplina científica y rigurosa, y un lenguaje preciso y compartido es esencial para este objetivo.

- **Competitividad de la industria:** La creciente demanda de profesionales UX ha hecho que el mercado sea muy competitivo, y el conocimiento profundo de términos y metodologías puede convertirse en un elemento distintivo.
- **La difusión de información en línea:** La facilidad con que se puede encontrar información en línea ha llevado a una proliferación de términos y acrónimos, que a veces se usan de manera inapropiada.

Las consecuencias de esta tendencia pueden ser negativas:

- **Intimidación de los recién llegados:** aquellos nuevos en el diseño UX pueden sentirse intimidados por este lenguaje complejo y excluidos de la comunidad.
- **Concéntrese en el método en lugar del resultado:** centrarse demasiado en los términos y las metodologías puede distraer del objetivo final de crear experiencias de usuario de calidad.
- **Rigidez:** Un enfoque demasiado rígido del lenguaje puede limitar la creatividad y la innovación.

¿Cómo afrontar esta situación?

- **Promover un clima inclusivo:** Es importante crear un ambiente de trabajo donde todos se sientan libres de expresar sus ideas, incluso si no utilizan un lenguaje 100% correcto.
- **Centrarse en los conceptos:** es más importante comprender los conceptos detrás del diseño UX que memorizar todos los términos y acrónimos.
- **Estar abierto al cambio:** El lenguaje del Diseño UX está en constante evolución, por lo que es importante ser flexible y adaptarse a nuevos términos y tendencias.
- **Valorar la diversidad:** la diversidad de experiencias y orígenes es un valor añadido para cualquier equipo.

En conclusión, si bien es importante tener un lenguaje común para comunicarse eficazmente, es igualmente importante evitar crear un entorno excesivamente formal y rígido. El objetivo principal del diseño UX es mejorar la experiencia del usuario, y esto se puede lograr con diferentes enfoques y utilizando diferentes lenguajes.

La industria UX en rápida evolución, combinada con la creciente complejidad de los productos y servicios digitales, crea un entorno de trabajo estimulante pero desafiante.

Resumamos los principales puntos que planteaste:

- **En rápida evolución:** el panorama de la experiencia del usuario cambia constantemente y surgen nuevas tecnologías, metodologías y herramientas todo el tiempo.
- **Creciente complejidad:** Los productos digitales son cada vez más complejos y requieren soluciones UX cada vez más sofisticadas.
- **Presión por la perfección:** La necesidad de estar siempre actualizado y conocer cada detalle de la industria crea una presión importante sobre los profesionales.
- **Adaptación Continua:** Cada proyecto es único y requiere un enfoque personalizado, poniendo a prueba la adaptabilidad de los diseñadores de UX.
- **Dudas sobre la evolución del rol:** La aparición de nuevos paradigmas como el diseño de servicios plantea interrogantes sobre el futuro del rol tradicional del diseñador UX.

Estas dinámicas pueden generar diferentes consecuencias:

- **Burnout:** La necesidad constante de actualizarse y adaptarse puede llevar al agotamiento profesional.
- **Ansiedad por el desempeño:** el miedo a no estar a la altura de las expectativas puede limitar la creatividad y la innovación.
- **Concentrarse demasiado en las herramientas:** la búsqueda constante de nuevas herramientas puede distraer la atención de los objetivos principales del proyecto.
- **Dificultad para comunicar el valor de UX:** la complejidad de la industria puede dificultar la explicación del valor del diseño UX a clientes y colegas no especialistas.

¿Cómo afrontar estos retos?

- **Establecer límites:** Es importante establecer límites y centrarse en las habilidades centrales del Diseño UX, evitando dispersar tus energías en mil direcciones.
- **Cultivar una mentalidad de crecimiento:** aceptar el cambio como una oportunidad para aprender y mejorar.
- **Colabora con otros profesionales:** Compartir tus conocimientos y experiencias con otros colegas puede ayudarte a superar dificultades y encontrar nuevas soluciones.
- **Centrarse en el usuario:** no perder de vista el objetivo principal del diseño UX: crear experiencias de usuario significativas.
- **Desarrollar una red de contactos:** Establecer redes con contactos de la industria puede ser útil para mantenerse actualizado sobre las últimas tendencias y encontrar apoyo.

En conclusión, el mundo del diseño UX está en constante evolución, lo que puede generar desafíos, pero también ofrece muchas oportunidades. Es importante mantener un enfoque equilibrado, centrándose tanto en los conocimientos técnicos como en las habilidades interpersonales, y buscando un equilibrio entre la necesidad de mantenerse actualizado y la de cuidarse.

hecho , en un panorama dinámico y complejo como el del diseño UX, es fundamental identificar un núcleo sólido de conocimientos en el que basarse.

¿Qué es realmente la UX? Más allá de los términos y modas del momento, el Diseño UX se basa en un principio simple pero poderoso: **poner al usuario en el centro de cada decisión** . Esto implica comprender a fondo sus necesidades, expectativas y comportamientos, y diseñar productos y servicios que respondan a estas necesidades de forma eficaz y satisfactoria.

¿Cuales son los elementos fundamentales a asimilar?

- **Empatía:** La capacidad de ponerse en el lugar del usuario y comprender sus emociones, frustraciones y motivaciones es la base de todo buen proyecto UX.
- **Investigación de usuarios:** recopilar y analizar datos de los usuarios es esencial para tomar decisiones informadas y diseñar soluciones efectivas.
- **Usabilidad:** Un producto debe ser fácil de usar e intuitivo, para que los usuarios puedan alcanzar sus objetivos de forma rápida y sencilla.
- **Accesibilidad:** todos los usuarios, independientemente de su capacidad o discapacidad, deben poder acceder y utilizar los productos.
- **Diseño centrado en el usuario:** cada decisión de diseño debe tomarse teniendo en cuenta el impacto en la experiencia del usuario.
- **Iteración:** el diseño es un proceso iterativo que requiere que usted pruebe continuamente sus soluciones y realice mejoras en función de los comentarios de los usuarios.

¿Cuál es el mayor valor que la UX puede ofrecer? El mayor valor del Diseño UX reside en su capacidad para crear productos y servicios que no solo resuelven problemas, sino que mejoran la vida de las personas. Una excelente UX puede aumentar la satisfacción del cliente, su fidelidad y el éxito de una empresa.

¿Cómo orientarse en este mundo complejo? Para ello, conviene:

- **Concéntrese en los fundamentos:** comprender los principios fundamentales del diseño UX es más importante que memorizar todas las últimas tendencias.
- **Sea flexible:** esté dispuesto a aprender cosas nuevas y adaptarse a los cambios.
- **Colaborar:** colaborar con otros profesionales de diseño UX puede ayudar

a compartir conocimientos y encontrar nuevas soluciones.

- **Experimenta:** No tengas miedo de probar cosas nuevas y cometer errores.
- **Mantenga una visión a largo plazo:** concéntrese en los objetivos a largo plazo en lugar de en las modas actuales.

En conclusión , el Diseño UX es una disciplina en constante evolución, pero sus principios fundamentales siguen siendo los mismos. Al centrarse en el usuario y sus necesidades, es posible construir un sólido conocimiento y desenvolverse con éxito en este complejo mundo.

El buen diseño, en cualquier ámbito, siempre se centra en el usuario. El diseño UX, con su enfoque específico en la experiencia digital, ha traído consigo nuevas metodologías y herramientas, pero el principio básico sigue siendo el mismo: comprender a fondo las necesidades y expectativas del público objetivo y crear soluciones que respondan a ellas.

Algunos puntos clave que surgen de su reflexión:

- **El diseño es una actitud:** no es sólo un conjunto de técnicas o herramientas, sino una forma de pensar que se aplica a cualquier contexto.
- **El usuario está en el centro:** un buen diseño siempre parte del análisis de las necesidades y comportamientos de los usuarios.
- **El contexto es clave:** cada proyecto debe considerarse en su contexto específico, teniendo en cuenta las limitaciones y las oportunidades.
- **El proceso es iterativo:** el diseño es un proceso continuo de experimentación, evaluación y mejora.

Entonces, ¿por qué tanto alboroto en torno al diseño UX?

- **Digitalización:** La difusión de las tecnologías digitales ha hecho que la experiencia del usuario sea un factor cada vez más determinante en el éxito de un producto o servicio.
- **Nuevas metodologías:** UX Design ha introducido nuevas metodologías y herramientas específicas para el diseño de experiencias digitales, como la investigación de usuarios, la creación de prototipos y las pruebas de usabilidad.
- **Lenguaje específico:** Ha desarrollado su propio lenguaje y terminología , lo que a veces puede crear la ilusión de una disciplina completamente nueva.

¿Cuál es el valor añadido del Diseño UX?

- **Enfoque en la experiencia:** el diseño UX va más allá de la simple funcionalidad, buscando crear experiencias emocionalmente atractivas y memorables.

- **Medibilidad:** Gracias a las herramientas de análisis, es posible medir la efectividad de las soluciones diseñadas y realizar mejoras continuas.
- **Competitividad:** Una gran UX puede marcar la diferencia en un mercado cada vez más competitivo.

En conclusión , el Diseño UX es una evolución natural del diseño centrado en el usuario, que utiliza nuevas metodologías y herramientas para abordar los desafíos del diseño digital. Sin embargo, los principios fundamentales del buen diseño siguen siendo los mismos, independientemente del contexto.

Las preguntas fundamentales para todo diseñador:

- **¿Quién es el usuario final?** Comprender las características, necesidades y comportamientos de los usuarios es el primer paso para crear un producto o servicio eficaz.
- **¿Cuál es el contexto de uso?** El lugar, el momento y las circunstancias en que se utilizará el producto influyen significativamente en las decisiones de diseño.
- **¿Cuáles son los objetivos del cliente?** Comprender sus expectativas y objetivos es fundamental para alinear el proyecto con sus necesidades.

Su ejemplo de la silla es esclarecedor. Una silla de IKEA, una silla para personas con obesidad o una silla para niños requieren soluciones de diseño completamente diferentes, ya que responden a necesidades y limitaciones específicas. Lo mismo ocurre con una cata de vinos: un evento corporativo y un evento para solteros tendrán necesidades de comunicación, ambientación y organización completamente diferentes.

Esto nos lleva a una reflexión más general:

- **El diseño es un proceso iterativo:** no se trata de encontrar una solución única y definitiva, sino un camino de mejora continua, basado en el feedback de los usuarios y en los nuevos conocimientos adquiridos.
- **El diseño es multidisciplinar:** un buen diseñador debe ser capaz de colaborar con expertos de diferentes disciplinas (ingenieros, psicólogos, sociólogos, etc.) para garantizar un enfoque holístico del problema.
- **El diseño es una actividad creativa:** El diseño no es sólo una cuestión de técnica, sino que también requiere una buena dosis de creatividad para encontrar soluciones innovadoras y originales.

En conclusión , su observación nos recuerda que el buen diseño no es sólo una cuestión de estética o funcionalidad, sino que es un proceso complejo que requiere una comprensión profunda de las personas y del contexto en el que operan.

El diseño UX, a menudo envuelto en un halo de tecnicismo y complejidad, es en realidad una evolución natural de principios de diseño que se han utilizado durante siglos. Su éxito reside precisamente en su capacidad para unificar y potenciar una serie de disciplinas y metodologías, todas orientadas a un único objetivo: crear experiencias de usuario excepcionales.

A continuación se presentan algunos puntos clave que surgen de su declaración:

- **El diseño UX es una evolución, no una revolución:** sus raíces están en principios de diseño bien establecidos, como el diseño centrado en el usuario.
- **El diseño UX es pragmático:** su objetivo es resolver problemas reales y mejorar la vida de las personas, no solo teorizar o experimentar.
- **El diseño UX es inclusivo:** abarca una amplia gama de disciplinas y metodologías, desde la psicología hasta la ingeniería, para ofrecer una visión holística de la experiencia del usuario.
- **El diseño UX es efectivo:** su fortaleza radica en su capacidad de crear productos y servicios que respondan eficazmente a las necesidades de los usuarios.

¿Por qué es tan importante este concepto?

- **Desmitificar el diseño UX:** hacerlo más accesible y comprensible para un público más amplio.
- **Simplifique su enfoque:** le permite centrarse en los aspectos fundamentales en lugar de en los aspectos más técnicos.
- **Fomenta la colaboración:** facilita la colaboración entre profesionales de diferentes disciplinas.
- **Fomentar la innovación:** estimular la investigación de nuevas soluciones y enfoques.

En conclusión , el Diseño UX es una herramienta poderosa para crear productos y servicios exitosos. Sin embargo, para aprovechar al máximo su potencial, es fundamental recordar sus raíces y principios fundamentales.

¡Los conceptos fundamentales del Diseño UX!

En este caso, podemos identificar varios errores de diseño que llevaron a una experiencia de usuario decididamente negativa:

- **Falta de investigación:** Aunque se sabía que al niño le gustaba el pastel de manzana, se prefirió seguir una idea preconcebida y personal, sin indagar más sobre los gustos del cumpleañero.
- **Centrarse en el producto, no en el usuario:** el objetivo era crear un pastel que pudiera gustar a los adultos o que estuviera de moda, dejando

de lado por completo las preferencias de los niños.

- **en** cuenta el contexto del evento (una fiesta de cumpleaños infantil) ni las expectativas del celebrante.

¿Cómo se podría haber manejado la situación desde el punto de vista UX?

- **Investigación en profundidad:** Se debería haber realizado una investigación más exhaustiva sobre los gustos del niño, quizás preguntándole directamente qué tipo de pastel quería.
- **Co-creación:** El niño podría haber participado en la elección de los ingredientes o en la decoración del pastel, convirtiéndose en parte activa del proceso.
- **Prototipo:** Se podría haber preparado una pequeña porción de tarta de queso para probar la reacción del niño antes de hacer una gran cantidad.
- **Plan B:** Habiendo planeado más opciones, una situación inesperada, como la negativa del niño, podría haberse manejado de manera más efectiva.

Esta historia nos enseña que:

- **El usuario está siempre en el centro del proyecto:** es fundamental entender las necesidades, deseos y expectativas de las personas para las que estamos diseñando.
- **La investigación es clave:** recopilar datos y comentarios es esencial para tomar decisiones informadas.
- **La flexibilidad es importante:** debes estar preparado para cambiar tus planes en función de las necesidades de tus usuarios.
- **La experiencia del usuario es un proceso continuo:** el diseño UX no se limita a la fase de diseño inicial, sino que requiere una monitorización constante y una optimización continua.

En conclusión , esta anécdota nos muestra cómo incluso un evento aparentemente simple como un cumpleaños puede convertirse en una oportunidad para aplicar los principios del Diseño UX y crear experiencias positivas para todos.

Los principios del Diseño UX aplicados a una situación cotidiana. Este pequeño experimento demuestra la importancia de priorizar al usuario en la toma de decisiones y validar hipótesis mediante la investigación.

Resumamos los puntos clave de esta "investigación de usuarios" improvisada:

- **Definición de usuario:** El niño de siete años es nuestro usuario objetivo.
- **Elección de variables:** Probamos tres tipos de pastel para entender cuál era la preferencia del niño.

- **Contexto realista:** Presentamos los pasteles al niño en un ambiente familiar, simulando la situación de una fiesta.
- **Observación directa:** Observamos las reacciones del niño y recogimos retroalimentación no verbal (expresión facial, lenguaje corporal).

Las ventajas de este enfoque son muchas:

- **Decisiones Informadas:** Gracias a la investigación pudimos elegir el pastel que más le gustaría al niño, evitando así un posible fracaso.
- **Personalización:** Hemos creado una experiencia personalizada para el usuario, haciéndolo feliz y satisfecho.
- **Mejora Continua:** Este pequeño experimento nos permitió aprender algo nuevo sobre los gustos del niño y agudizar nuestras habilidades de diseño.

Este ejemplo nos enseña que el Diseño UX no es sólo para profesionales digitales: se puede aplicar a cualquier situación en la que queramos crear una experiencia positiva para los demás.

Podemos extender este razonamiento a otros contextos:

- **Diseño de producto:** Antes de lanzar un nuevo producto al mercado, es fundamental involucrar a los usuarios finales en la fase de diseño para recopilar feedback y mejorar la experiencia del usuario.
- **Creación de un Servicio:** Un servicio debe ser diseñado teniendo en cuenta las necesidades y expectativas de los clientes, para asegurar su satisfacción y lealtad.
- **Planificación de eventos:** ya sea una fiesta de cumpleaños, una conferencia o un evento corporativo, es importante involucrar a los asistentes en la planificación del evento para que sea más atractivo y memorable.

En conclusión , esta sencilla historia nos muestra la importancia **de escuchar a los usuarios** y **adaptar nuestras soluciones a sus necesidades** . El Diseño UX no es solo una disciplina técnica, sino una forma de pensar que puede mejorar nuestra vida diaria y nuestras relaciones con los demás.

¿Qué opinas? ¿Te gustaría profundizar en otros aspectos del diseño UX aplicados a contextos específicos? ¿O podríamos hablar sobre herramientas y metodologías más avanzadas para la investigación de usuarios?

¡Por supuesto! Has tocado un punto crucial en el mundo del diseño: la importancia de involucrar al usuario desde el principio.

El "diseño genial" , es decir, el diseño basado únicamente en la intuición y las preferencias del diseñador, puede conducir a resultados desastrosos, como tan bien demuestra el ejemplo del pastel de limón.

Diseñar para ciclistas sin consultarles jamás sería como construir una bicicleta sin haberla montado nunca. Podríamos acabar creando un producto muy estético, totalmente inadecuado para las necesidades reales de los ciclistas, quizás con un sillín demasiado duro, una posición de conducción incómoda o una palanca de cambios engorrosa.

¿Por qué es tan importante la participación del usuario?

- **Entender las necesidades reales:** Sólo los usuarios pueden decirnos cuáles son sus problemas, frustraciones y expectativas.
- **Validar nuestras hipótesis:** Al probar nuestras ideas con los usuarios, podemos entender si vamos en la dirección correcta.
- **Evite errores costosos:** al involucrar a los usuarios desde el principio, podemos identificar y resolver problemas potenciales antes de que se conviertan en obstáculos insuperables.
- **Aumentar la satisfacción del usuario:** cuando un producto está diseñado teniendo en cuenta las necesidades de los usuarios, estos se sienten más comprometidos y aprecian más el resultado final.

Las técnicas de investigación de usuarios son muchas y se pueden adaptar a cualquier contexto:

- **Entrevistas:** Permiten profundizar en las motivaciones y opiniones de los usuarios.
- **Grupos focales:** Fomentan la discusión y el intercambio de ideas entre diferentes usuarios.
- **Pruebas de usabilidad:** le permiten observar a los usuarios mientras interactúan con un producto o prototipo.
- **Cuestionarios:** Permiten recopilar datos cuantitativos sobre una muestra amplia de usuarios.

En conclusión , la historia del pastel de limón nos enseña que **el sentido común y la investigación de usuarios son los ingredientes fundamentales para un diseño exitoso** . Siempre es mejor dedicar tiempo a comprender las necesidades de los usuarios que arriesgarse a crear productos inútiles o incluso dañinos.

La brújula más fiable en el mundo del Diseño UX. Es como el hilo de Ariadna que nos guía por el laberinto de metodologías, herramientas y teorías que caracterizan esta disciplina.

Por eso el sentido común es tan importante en el diseño UX:

- **Centrado en el usuario:** El sentido común siempre nos recuerda que el usuario está en el centro de cada proyecto y que nuestras decisiones deben estar guiadas por sus necesidades y expectativas.
- **Validación de hipótesis:** Antes de invertir tiempo y recursos en un

desarrollo completo, es fundamental validar nuestras hipótesis mediante investigación y prototipado.

- **Proceso iterativo:** el sentido común sugiere que el diseño es un proceso continuo de mejora, basado en la retroalimentación de los usuarios.
- **Integración de disciplinas:** Nos permite elegir las herramientas y metodologías más adecuadas para cada contexto, sin estancarnos en enfoques rígidos.

La tendencia del Diseño UX a abarcar diferentes disciplinas es un claro ejemplo de este enfoque. La usabilidad, la arquitectura de la información, el diseño de interacción y muchas otras disciplinas contribuyen a crear una experiencia de usuario completa y satisfactoria. Sin embargo, es fundamental saber elegir los elementos más relevantes para cada proyecto e integrarlos de forma coherente.

En resumen, el sentido común nos permite:

- **Tomar decisiones informadas:** basadas en datos y evidencia.
- **Ser flexible:** adaptarse a los cambios y nuevas necesidades.
- **Colaborar eficazmente:** trabajar con equipos multidisciplinarios.
- **Creando valor:** Ofrecer soluciones que realmente respondan a las necesidades de los usuarios.

Abordar la creación de un producto digital siguiendo el proceso de diseño UX en su totalidad es la mejor manera de garantizar una experiencia de usuario de alta calidad y un producto exitoso. Aquí tienes una guía detallada que te ayudará a navegar por las diferentes etapas:

1. Comprensión del problema y los objetivos:

- **Definición del problema:** ¿Qué problema resuelve su producto para los usuarios?
- **Definición de objetivo:** ¿Cuáles son los objetivos comerciales y los objetivos de usuario que su producto debe alcanzar?
- **Análisis del contexto:** ¿En qué contexto usarán los usuarios su producto? ¿Cuáles son sus comportamientos y hábitos?

2. Búsqueda de usuarios:

- **Definición de usuario:** ¿Quiénes son sus usuarios? ¿Cuáles son sus características demográficas, psicográficas y conductuales?
- **Recolección de datos:** Utilizar diferentes técnicas de investigación como entrevistas, grupos focales, encuestas, análisis de datos existentes y observación de los usuarios en su entorno natural.
- **Creación de perfiles de usuario:** crea perfiles de usuario idealizados que representen diferentes segmentos de tu audiencia.

3. Concepción y diseño:

- **Lluvia de ideas:** generar una gran cantidad de ideas y soluciones potenciales.
- **Mapas mentales:** organiza ideas e identifica conexiones entre ellas.
- **Storyboard:** Visualiza el flujo de interacción del usuario con el producto.
- **Wireframe:** crea diagramas de UI simples para definir la estructura y el diseño.
- **Creación de prototipos:** crear un prototipo interactivo para probar la usabilidad y recopilar comentarios.

4. Pruebas e iteración:

- **Pruebas de usabilidad:** observe a los usuarios interactuando con el prototipo y recopile sus comentarios.
- **Análisis de datos:** Analice los datos recopilados durante las pruebas para identificar áreas de mejora.
- **Iteración:** realizar los cambios necesarios en el diseño según los resultados de las pruebas.

5. Desarrollo y lanzamiento:

- **Desarrollo:** Transformar el prototipo en un producto funcional.
- **Pruebas finales:** Realizar pruebas de calidad y compatibilidad.
- **Lanzamiento:** Liberar el producto al mercado.
- **Monitoreo y análisis:** continuar monitoreando el uso del producto y recopilar comentarios de los usuarios para realizar mejoras continuas.

Consejos adicionales:

- **Colaboración:** involucrar a todos los miembros del equipo en el proceso de diseño.
- **Flexibilidad:** Esté dispuesto a cambiar sus planes en función de los comentarios de los usuarios.
- **Iteración continua:** el diseño es un proceso iterativo, así que no tengas miedo de volver atrás y revisar tus decisiones.
- **Medición:** Defina indicadores clave de rendimiento (KPI) para medir el éxito de su producto.

Herramientas útiles:

- **Software de creación de prototipos:** Figma, Sketch, Adobe XD
- **Herramientas de análisis:** Google Analytics, Hotjar
- **Software de gestión de proyectos:** Trello, Asana

Recuerda: El proceso de diseño de UX es un ciclo continuo. Incluso después del lanzamiento del producto, es importante seguir monitoreando la experiencia del usuario y realizando mejoras.

Entrevistar a las partes interesadas en la etapa informativa es un paso fundamental para garantizar que el proyecto esté alineado con los objetivos comerciales y las necesidades de los usuarios.

¿Por qué es tan importante?

- **Claridad de objetivos:** Permite definir con precisión lo que se quiere lograr con el producto.
- **Alineación entre las partes:** garantiza que todos los miembros del equipo estén en sintonía.
- **Evitar malentendidos:** Evitar la creación de expectativas diferentes entre el cliente y el equipo de diseño.
- **Enfoque en el usuario:** ayuda a mantener el enfoque en el usuario final y sus necesidades.

¿Qué preguntas hacer a las partes interesadas?

Las preguntas que haga a las partes interesadas dependerán del contexto específico del proyecto, pero aquí hay algunos ejemplos de preguntas que pueden ayudarle a obtener la información que necesita:

- **Objetivos comerciales:**
  - ¿Cuáles son los principales objetivos de negocio que este producto debe alcanzar?
  - ¿Cómo mediremos el éxito de este producto?
  - ¿A qué público objetivo nos dirigimos?
  - ¿Quiénes son los principales competidores y cómo nos diferenciamos de ellos?
- **Expectativas del cliente:**
  - ¿Qué esperas obtener de este producto?
  - ¿Cuales son sus temores y preocupaciones sobre este proyecto?
  - ¿Cuáles son sus experiencias previas con productos similares?
- **Necesidades del usuario:**
  - ¿Cuáles son los principales problemas que los usuarios intentan solucionar con este producto?
  - ¿Cuáles son sus frustraciones y satisfacciones al utilizar productos similares?
  - ¿Cómo imagina que los usuarios utilizarán este producto?
- **Limitaciones y recursos:**
  - ¿Cuáles son las limitaciones de tiempo y presupuesto para este proyecto?
  - ¿Qué recursos están disponibles (tecnología, habilidades, etc.)?

Cómo realizar la entrevista:

- **Preparación:** Defina con antelación los objetivos de la entrevista y prepare una lista de preguntas abiertas y cerradas.
- **Escucha activa:** concéntrese en lo que dice la otra persona y haga preguntas inquisitivas.
- **Toma notas:** escribe las respuestas y palabras clave más importantes.
- **Crear un informe:** resuma los hallazgos de la entrevista en un documento conciso y compártalo con el equipo.

Consejos adicionales:

- **Involucre a múltiples partes interesadas:** si es posible, involucre a varias personas que tengan interés en el proyecto.
- **Utilice herramientas visuales:** el uso de diagramas, mapas mentales o guiones gráficos puede ayudar a visualizar ideas y facilitar la comunicación.
- **Sea curioso:** no tenga miedo de hacer preguntas y pedir aclaraciones.

Ejemplos de preguntas más específicas:

- **Para una aplicación de comercio electrónico:**
    - ¿Cuáles son las principales preocupaciones de los usuarios respecto a las compras online?
    - ¿Cómo podemos hacer que el proceso de pago sea más fácil y rápido?
    - ¿Cuáles son las características más importantes que debe tener una aplicación de compras?
- **Para una aplicación de redes sociales:**
    - ¿Cuáles son las principales características que buscan los usuarios en una red social?
    - ¿Cómo podemos animar a los usuarios a compartir contenidos?
    - ¿Cuáles son las principales preocupaciones de los usuarios respecto a la privacidad?

Recuerde: El objetivo de las entrevistas con las partes interesadas es sentar las bases de su proyecto. Al escuchar atentamente sus necesidades y expectativas, podrá crear un producto que satisfaga sus necesidades y logre sus objetivos comerciales.

Análisis de objetivos de negocio: un paso crucial en el proceso de UX

Analizar los objetivos comerciales es un paso fundamental para garantizar que su proyecto de UX esté alineado con las necesidades de su negocio y conduzca al éxito.

¿Por qué es importante analizar los objetivos del negocio?

- **Alineación:** Asegura que el proyecto sea consistente con la estrategia de la empresa.
- **Priorización:** ayuda a determinar qué características son más importantes para lograr los objetivos.
- **Medición del éxito:** define KPI (indicadores clave de rendimiento) para evaluar la eficacia del producto.

¿Cómo analizar los objetivos del negocio?

1. **Claridad y especificidad:** Los objetivos deben ser claros, medibles, alcanzables, relevantes y limitados en el tiempo (SMART).
2. **Realismo:** Evaluar si los objetivos son realistas dados los recursos disponibles y el contexto del mercado.
3. **Coherencia:** Comprobar si los objetivos son coherentes entre sí y con la visión global de la empresa.
4. **Alineación del usuario:** garantizar que los objetivos sean coherentes con las necesidades y expectativas del usuario.

Preguntas clave para analizar objetivos:

- **¿Cuáles son los principales objetivos comerciales que este proyecto debe lograr?** (por ejemplo, aumentar las ventas, mejorar el conocimiento de la marca, reducir los costos)
- **¿Cómo mediremos el éxito de este proyecto?** (por ejemplo, aumento de conversiones, reducción de la tasa de abandono, mayor tiempo de permanencia en el sitio)
- **¿Quiénes son los principales competidores y cómo nos diferenciamos de ellos?**
- **¿A qué público objetivo nos dirigimos?**
- **¿Cuáles son las limitaciones de tiempo y presupuesto para este proyecto?**
- **¿Qué recursos están disponibles (tecnología, habilidades, etc.)?**

Ejemplos de objetivos poco realistas y cómo replantearlos:

- **Objetivo poco realista:** "Queremos ser el sitio web más visitado del mundo dentro de un año".
- **Objetivo reformulado: "Queremos aumentar** el tráfico orgánico de nuestro sitio web en un 20% en los próximos seis meses".
- **Objetivo poco realista:** "Queremos que todos nuestros usuarios estén 100% satisfechos".

- **Objetivo reformulado:** "Queremos aumentar nuestro Net Promoter Score (NPS) de 50 a 70 para fin de año".

Colaboración con el cliente:

Es fundamental involucrar al cliente en esta etapa para:

- **Comprenda completamente sus expectativas:**
- **Tener una única visión compartida:**
- **Tener aceptación en el proyecto:**

¿Por qué es importante este análisis?

- **Evite errores costosos:** evite desarrollar funciones innecesarias o que no agreguen valor.
- **Aumente sus posibilidades de éxito:** Concentrando sus esfuerzos en las áreas que más importan.
- **Mejorar la colaboración con el cliente:** generar confianza y transparencia.

En conclusión, el análisis de los objetivos de negocio es fundamental para asegurar el éxito de un proyecto de UX. Al alinear las necesidades de la empresa con las de los usuarios, este análisis es la base para la creación de productos digitales exitosos.

El análisis de la competencia es un paso crucial en el proceso de diseño de un nuevo producto o servicio digital. Nos permite comprender el panorama competitivo, identificar las mejores prácticas y detectar oportunidades para diferenciarnos.

¿Por qué es importante el análisis de la competencia?

- **Posicionamiento:** Nos ayuda a entender cómo posicionar nuestro producto en el mercado.
- **Diferenciación:** Identificamos las fortalezas y debilidades de los competidores para encontrar una ventaja competitiva.
- **Innovación:** Descubrimos nuevas tendencias y tecnologías que podemos adoptar.
- **Evaluación:** Nos permite estimar la viabilidad de nuestro proyecto y definir los KPIs de éxito.

¿Cómo se hace un análisis de la competencia?

1. **Identificación del competidor:**
   - **Directos:** Ofrecen productos o servicios muy similares a los nuestros.
   - **Indirectos:** Ofrecen productos o servicios que satisfacen las mismas necesidades, pero de diferentes maneras.

- **Potencial:** Empresas que podrían ingresar a nuestro mercado en el futuro.

2. **Análisis de sus productos/servicios:**

    - **Características:** ¿Cuáles son las principales características que ofrece?
    - **Diseño:** ¿Cuál es el estilo visual y la experiencia del usuario?
    - **Precios:** ¿Cuáles son los modelos de precios?
    - **Canales de distribución:** ¿Cómo se venden los productos/servicios?

3. **Análisis de sus estrategias de marketing:**

    - **Objetivo:** ¿A quién van dirigidos?
    - **Mensajes:** ¿Qué mensajes comunican?
    - **Canales:** ¿Qué canales utilizan para llegar a los clientes?

4. **Análisis de sus fortalezas y debilidades:**

    - **Análisis FODA:** Un análisis FODA (Fortalezas, Debilidades, Oportunidades, Amenazas) nos ayuda a comprender mejor la posición competitiva de nuestros rivales.

5. **Identificación de oportunidades:**

    - **Brecha de mercado:** ¿Existen necesidades de los clientes que los competidores no satisfacen?
    - **Tendencias emergentes:** ¿Cuáles son las nuevas tendencias que podemos aprovechar?

Herramientas útiles para el análisis de la competencia:

- **Google Analytics:** para analizar el tráfico en sitios web de la competencia.
- **SimilarWeb:** proporciona datos detallados sobre el tráfico y el rendimiento del sitio web.
- **Ahrefs:** una herramienta SEO para analizar backlinks y palabras clave de la competencia.
- **Redes sociales:** Para monitorear la actividad de los competidores en las redes sociales.

¿Qué hacer con los resultados del análisis?

- **Defina nuestra propuesta de valor única:** ¿Qué nos diferencia de nuestros competidores?
- **Identificar las mejores prácticas:** ¿Qué cosas hacen bien los competidores y que podemos adoptar?
- **Identificar áreas de mejora:** ¿Dónde podemos hacerlo mejor que nuestros competidores?

- **Desarrollando una Estrategia Competitiva:** ¿Cómo podemos posicionarnos en el mercado y obtener una ventaja competitiva?

En conclusión, el análisis de la competencia es una herramienta fundamental para tomar decisiones informadas y desarrollar productos y servicios exitosos. Nos permite aprender de nuestros rivales, evitar los errores ajenos e identificar nuevas oportunidades de crecimiento.

Definir los problemas es un paso crucial en el proceso de diseño y desarrollo de un producto digital. Es como construir una casa: antes de poner el primer ladrillo, necesitamos entender cuáles son los cimientos sólidos sobre los que se asentará toda la estructura.

¿Por qué es tan importante definir los problemas?

- **Enfoque:** Nos ayuda a centrarnos en las necesidades reales de los usuarios, evitando desperdiciar energía en funcionalidades inútiles.
- **Innovación:** Estimula la creatividad, empujándonos a encontrar soluciones innovadoras y originales.
- **Relevancia:** Garantiza que el producto sea relevante para el mercado y satisfaga una necesidad real.
- **Éxito:** Aumenta las posibilidades de éxito del producto, ya que da respuesta a un problema bien definido.

¿Cómo definir problemas?

1. **Investigación:**
   - **Observación del usuario:** observe cómo los usuarios interactúan con productos similares o realizan tareas similares a aquellas que su producto está diseñado para facilitar.
   - **Entrevistas:** Realice entrevistas en profundidad con los usuarios objetivo para comprender sus frustraciones, necesidades y expectativas.
   - **Encuestas:** utilice encuestas para recopilar datos cuantitativos de una muestra más grande de usuarios.
   - **Análisis de datos:** analizar los datos recopilados para identificar patrones y tendencias.
2. **Empatía:**
   - **Ponte en el lugar del usuario:** intenta comprender las emociones y motivaciones que impulsan el comportamiento del usuario.
   - **Escuchar activamente:** prestar atención a las necesidades explícitas e implícitas de los usuarios.
3. **Planteamiento del problema:**
   - **Formulación clara:** definir el problema de forma concisa y clara,

utilizando un lenguaje sencillo y directo.

- **Enfoque en el usuario:** el problema debe centrarse en el usuario y sus dificultades.
- **Medibilidad:** El problema debe ser medible, para que se pueda evaluar la efectividad de las soluciones propuestas.

Ejemplos de enunciados de problemas:

- **Malo:** "Nuestro sitio web es lento".
- **Bueno:** "A los usuarios les resulta difícil encontrar la información que buscan en nuestro sitio web, lo que provoca que abandonen la página".
- **Malo:** "La gente no está comprando suficientes productos en línea".
- **Bueno:** "Los usuarios se muestran reacios a realizar compras online debido a la complejidad del proceso de pago y a la falta de confianza en la seguridad del pago".

Técnicas útiles:

- **Los "5 por qué":** pregúntate repetidamente "¿Por qué?" para llegar a la raíz del problema.
- **Mapa del recorrido del cliente:** visualice el recorrido del usuario para identificar puntos de fricción.
- **Historia de usuario:** Describe el problema desde el punto de vista del usuario, utilizando un formato simple y comprensible (por ejemplo, "Como usuario, quiero poder buscar fácilmente un producto, para poder comprarlo rápidamente").

¿Por qué es esencial definir bien los problemas?

- **Soluciones específicas:** una vez identificado el problema, es más fácil encontrar soluciones efectivas y específicas.
- **Evitar soluciones banales:** Centrarse en los problemas reales ayuda a evitar proponer soluciones genéricas o superficiales.
- **Mejorar la colaboración:** las definiciones claras de problemas facilitan la colaboración entre los miembros del equipo.

En conclusión, definir los problemas es el primer paso esencial para crear un producto exitoso. Al invertir tiempo y recursos en esta fase, aumentará la probabilidad de crear un producto que realmente satisfaga las necesidades de los usuarios.

La investigación de usuarios es un pilar fundamental en el proceso de diseño UX. Nuestra intuición, por muy importante que sea, no puede sustituir los datos recopilados directamente de los usuarios.

¿Por qué es tan importante la investigación de usuarios?

- **Validación de hipótesis:** Confirma o refuta nuestras suposiciones iniciales sobre las necesidades del usuario.
- **Descubrir nuevos insights:** Revelar aspectos que no habíamos considerado y que podrían conducir a soluciones innovadoras.
- **Empatía:** Nos ayuda a ponernos en el lugar del usuario y entender sus experiencias.
- **Reducción de riesgos:** Minimizar el riesgo de desarrollar productos que no satisfagan las necesidades reales del mercado.

¿Qué técnicas de investigación de usuarios podemos utilizar?

- **Entrevistas:** Permiten profundizar en las motivaciones y emociones de los usuarios.
- **Grupos focales:** Permiten comparar las opiniones de un grupo de usuarios sobre un tema determinado.
- **Encuestas:** Recopilar datos cuantitativos sobre una muestra más grande de usuarios.
- **Pruebas de usabilidad:** observa a los usuarios mientras interactúan con un prototipo de producto.
- **Clasificación de tarjetas:** se utiliza para comprender cómo los usuarios organizan la información.
- **Estudios de diario:** pide a los usuarios que mantengan un diario de sus actividades durante un período de tiempo.

¿Cómo definir el público objetivo?

- **Segmentación:** Dividir el mercado en grupos homogéneos de usuarios en función de características demográficas, psicográficas y de comportamiento.
- **Persona:** Crear perfiles de usuario ideales que representen diferentes segmentos objetivo.

¿Por qué es importante definir el público objetivo?

- **Enfoque:** Nos permite concentrar nuestros esfuerzos en un grupo bien definido de usuarios.
- **Personalización:** Podemos crear experiencias de usuario más personalizadas y atractivas.
- **Mensajes efectivos:** Podemos desarrollar mensajes de marketing más efectivos.

Ejemplos de preguntas para hacer durante las entrevistas:

- ¿Cuales son las principales dificultades que encuentras al realizar [actividades]?
- ¿Cuáles son sus expectativas de un producto como este?

- ¿Cómo te sentirías si [escenario]?

En conclusión, la investigación de usuarios es una inversión fundamental para asegurar el éxito de un producto digital. Nos permite crear productos que realmente respondan a las necesidades del usuario y ofrezcan una experiencia excepcional.

¿Quieres profundizar en algún aspecto específico de la investigación de usuarios? Por ejemplo, podríamos hablar sobre cómo crear un plan de investigación eficaz, cómo analizar datos cualitativos o cómo usar herramientas de prototipado para probar nuestras ideas.

Creación de perfiles de usuario: creación de un perfil detallado de sus usuarios

¿Qué son los perfiles de usuario?

Los perfiles de usuario son representaciones ficticias de usuarios típicos que interactúan con tu producto o servicio. Se basan en datos reales recopilados mediante investigación de usuarios y se utilizan para enfocar los esfuerzos de diseño y desarrollo hacia un público objetivo específico.

¿Por qué son importantes?

- **Enfoque:** Ayudan a mantener el enfoque en los usuarios durante todo el proceso de desarrollo.
- **Empatía:** Fomentan la empatía con los usuarios, ayudando a comprender mejor sus necesidades y frustraciones.
- **Toma de decisiones:** Guían las decisiones de diseño y de negocio.
- **Comunicación:** Facilitan la comunicación dentro del equipo y con los clientes.

Cómo crear un personaje de usuario:

1. **Investigación:**

    - **Entrevistas:** Pida a los usuarios que hablen sobre sus hábitos, objetivos y frustraciones.
    - **Encuestas:** Recopilar datos cuantitativos sobre una muestra más grande de usuarios.
    - **Análisis de datos:** analizar los datos recopilados para identificar patrones y tendencias.

2. **Definición:**

    - **Demografía:** edad, género, ocupación, nivel educativo, ingresos.
    - **Psicológico:** Aspiraciones, valores, actitudes, personalidad.
    - **Conductual:** Hábitos, intereses, estilo de vida.
    - **Objetivos:** ¿Qué quieren lograr al usar su producto?

- **Frustraciones:** ¿Cuáles son sus principales problemas?
- **Ciudadanía Digital:** Nivel de competencia tecnológica.

3. **Vista:**

- **Nombre:** Dale un nombre a tu persona para hacerla más humana.
- **Foto:** Elija una imagen que represente visualmente a la persona.
- **Biografía:** Escribe una breve biografía describiendo su vida diaria y sus hábitos.
- **Citas:** Incluya algunas citas que resuman sus pensamientos y opiniones.

Ejemplo de personaje de usuario:

Nombre: Marta Rossi **Edad:** 35 **Ocupación:** Gerente de Marketing **Objetivos:**

- Encuentre rápidamente información relevante para su trabajo
- Aumente su productividad
- Mantener un equilibrio entre el trabajo y la vida personal
- **Frustraciones:**
- Se siente abrumada por la cantidad de información disponible en línea.
- Tiene dificultades para encontrar herramientas eficaces de gestión del tiempo.
- **Citas:** «Ojalá tuviera más tiempo para dedicarme a mis pasiones». «Odio perder el tiempo buscando información inútil».

Cómo utilizar los perfiles de usuario:

- **Diseño:** utilizar personas como referencia para tomar decisiones de diseño.
- **Redacción de textos publicitarios:** escribe contenidos que sean relevantes e interesantes para tus personajes.
- **Marketing:** Define los canales de marketing más adecuados para llegar a tus personas.
- **Desarrollo de producto:** priorice las características que son más importantes para sus personajes.

Consejos adicionales:

- **Crea múltiples personajes:** es raro que un producto tenga solo un tipo de usuario.
- **Actualice las personas periódicamente:** las personas no son estáticas, sino que evolucionan con el tiempo.
- **Involucre al equipo:** involucre a todos los miembros del equipo en la creación y el uso de personas.

En conclusión, los perfiles de usuario son una herramienta poderosa para comprender mejor a tus usuarios y crear productos que satisfagan sus necesidades. Al invertir tiempo en crear perfiles detallados, aumentarás tus posibilidades de éxito.

Análisis de la dinámica de la interacción del usuario: un viaje al corazón de la experiencia del usuario

Analizar la dinámica de interacción del usuario es esencial para diseñar productos digitales que sean intuitivos, eficientes y satisfactorios.

¿Qué significa analizar la dinámica de interacción?

Se trata de estudiar **cómo interactúan los usuarios con un producto** en todos los aspectos, desde las acciones más sencillas (hacer clic en un botón) hasta las más complejas (realizar una compra). Esto nos permite comprender:

- **Qué hacen los usuarios:** qué acciones realizan, en qué orden y con qué frecuencia.
- **¿Por qué lo hacen?:** ¿Cuáles son sus objetivos y motivaciones?
- **Cómo se sienten:** Qué emociones experimentan durante la interacción.
- **Dónde encuentran dificultades:** ¿Cuáles son los puntos de fricción en la experiencia del usuario?

Niveles de análisis: macro y micro

- **Nivel macro:** Analizamos la **experiencia general del usuario** dentro del producto. Esto nos permite identificar las principales etapas de la interacción y comprender cómo navegan los usuarios entre las diferentes secciones.
- **Nivel micro:** Nos centramos en **elementos individuales de la interfaz** y en **interacciones más específicas** . Analizamos cómo interactúan los usuarios con botones, campos de entrada, menús, etc.

Visualizar posibles acciones del usuario: mapas de flujo y diagramas de estado

Para visualizar las posibles acciones del usuario, podemos utilizar diferentes técnicas:

- **Mapas de flujo:** Representan gráficamente las diferentes fases de un proceso, mostrando las posibles decisiones y sus consecuencias.
- **Diagramas de estados:** describen los diferentes estados de un sistema y las transiciones entre estos estados.
- **Mapas de recorrido del usuario:** visualizan la ruta del usuario a través de un producto o servicio, resaltando los puntos de contacto y las

emociones experimentadas en cada etapa.

¿Por qué es importante visualizar las acciones del usuario?

- **Claridad:** Permite tener una visión general de las posibles interacciones.
- **Identificar problemas:** resaltar los puntos de fricción y las áreas de mejora.
- **Comunicación:** Facilita la comunicación entre los miembros del equipo.
- **Pronóstico de escenarios:** ayuda a predecir cómo los usuarios podrían usar el producto en el futuro.

Herramientas útiles para analizar interacciones

- **Software de análisis web:** Google Analytics, Adobe Analytics
- **Software de creación de prototipos:** Figma, Sketch, Adobe XD
- **Software de grabación de pantalla:** Loom, Hotjar
- **Software de mapas de calor:** Hotjar, Crazy Egg

Ejemplos de preguntas para guiar su análisis

- ¿Cuáles son los principales objetivos de los usuarios al interactuar con el producto?
- ¿Cuáles son los puntos de entrada más comunes?
- ¿Cuales son las tareas más frecuentes?
- ¿Cuáles son los principales obstáculos que encuentran los usuarios?
- ¿Cuáles son las emociones más comunes que experimentan los usuarios?

En conclusión

Analizar la dinámica de la interacción del usuario es un proceso continuo que nos permite mejorar constantemente su experiencia. **Al visualizar sus posibles acciones,** comprendemos mejor sus necesidades y podemos diseñar productos más intuitivos y eficaces.

Documento de Requisitos de Negocio (BRD): El puente entre las necesidades del cliente y el producto final

El Documento de Requisitos de Negocio (BRD) es un documento fundamental que sirve para resumir y formalizar toda la información recopilada durante las fases previas del proyecto. Es como un contrato entre el equipo de desarrollo y el cliente, que garantiza que todos estén de acuerdo respecto a los objetivos, las características y las expectativas del producto.

¿Qué contiene un BRD?

Un BRD bien estructurado debe incluir:

- **Resumen ejecutivo:** Un resumen conciso de los puntos clave del documento, incluidos los objetivos del proyecto, los beneficios esperados y los principales requisitos.
- **Descripción del proyecto:** Una descripción detallada del proyecto, incluidos los objetivos comerciales, el contexto del mercado y el alcance del proyecto.
- **Definición de usuario:** una descripción de los personajes de los usuarios, incluidos sus objetivos, necesidades y comportamientos.
- **Requisitos funcionales:** una lista detallada de las características que debe ofrecer el producto, con una descripción clara de cómo cada característica satisface una necesidad específica del usuario.
- **Requisitos no funcionales:** Requisitos que no están directamente relacionados con la funcionalidad del producto, pero que siguen siendo importantes, como el rendimiento, la seguridad, la compatibilidad y la accesibilidad.
- **Restricciones:** Limitaciones de tiempo, presupuesto, recursos o tecnología que podrían afectar el proyecto.
- **Criterios de éxito:** Métricas e indicadores clave de rendimiento (KPI) que se utilizarán para medir el éxito del proyecto.

¿Por qué es importante el BRD?

- **Alineación:** garantiza que todas las partes interesadas tengan una comprensión compartida de los objetivos del proyecto.
- **Comunicación:** Sirve como punto de referencia para el desarrollo de productos y la comunicación con el cliente.
- **Gestión de proyectos:** proporciona una base sólida para la planificación, la estimación de costos y la gestión de proyectos.
- **Mitigación de riesgos:** ayuda a identificar y mitigar los riesgos potenciales del proyecto.

¿Cómo crear un BRD efectivo?

- **Involucrar al cliente:** asegurarse de que el cliente participe en la creación del BRD y apruebe el documento final.
- **Utilice un lenguaje claro y conciso:** evite tecnicismos excesivos y utilice un lenguaje que todos puedan entender.
- **Sea específico:** defina claramente los requisitos, evitando generalizaciones.

- **Utilice diagramas y visualizaciones:** haga que su documento sea más fácil de entender mediante diagramas de flujo, diagramas de estructura alámbrica y maquetas.
- **Revisar y actualizar periódicamente:** El BRD es un documento vivo y debe actualizarse a medida que el proyecto evoluciona.

En conclusión

BRD es una herramienta esencial para garantizar el éxito de un proyecto de desarrollo de software. Permite alinear las expectativas del cliente con las capacidades del equipo de desarrollo, reduciendo el riesgo de malentendidos y garantizando que el producto final satisfaga las necesidades de los usuarios.

¿Quieres profundizar en un aspecto específico de BRD? Por ejemplo, podríamos hablar sobre cómo crear requisitos funcionales efectivos, cómo gestionar los cambios en los requisitos durante el proyecto o cómo usar BRD para estimar costos.

Arquitectura de la información: la estructura básica de su producto digital

La arquitectura de la información (AI) es como el esqueleto de un organismo vivo: sienta las bases sobre las que se construye todo lo demás. En el mundo del diseño digital, la AI define la organización lógica y semántica del contenido, facilitando su búsqueda, comprensión y uso.

¿Por qué es importante la arquitectura de la información?

- **Usabilidad:** una IA bien diseñada hace que el producto sea intuitivo y fácil de navegar.
- **Facilidad de búsqueda:** los usuarios pueden encontrar rápidamente la información que necesitan.
- **Coherencia:** garantiza una experiencia de usuario consistente en todo el producto.
- **Escalabilidad:** Permite que el producto crezca y evolucione con el tiempo.

Fundamentos de la arquitectura de la información

- **Estructura:** ¿Cómo se organiza el contenido? (Jerarquías, categorías, etiquetas)
- **Navegación:** ¿Cómo navegan los usuarios por el producto? (Menú, ruta de navegación, búsqueda)

- **Etiquetas:** ¿Qué palabras se utilizan para describir el contenido?
- **Metanombre:** ¿Qué información adicional (fecha, autor, etc.) está asociada al contenido?
- **Convenciones:** ¿Cuáles son las reglas y convenciones que rigen la organización del contenido?

Cómo diseñar una arquitectura de información eficaz

1. **Entiende a tus usuarios:** ¿Quiénes son? ¿Cuáles son sus objetivos?
2. **Define los contenidos:** ¿Cuáles son los principales contenidos de tu producto?
3. **Crear una estructura:** organizar el contenido en una jerarquía lógica.
4. **Elija sus términos:** utilice un lenguaje claro y coherente.
5. **Diseño de navegación:** crea un sistema de navegación intuitivo.
6. **Cabeza:** Verificar que la arquitectura sea efectiva con los usuarios.

Técnicas útiles para el diseño de IA

- **Clasificación de tarjetas:** pide a los usuarios que agrupen el contenido en categorías.
- **Prueba de árbol:** evalúa la comprensibilidad de la estructura de la información.
- **Diagramas de flujo:** visualice los recorridos de los usuarios.
- **Wireframe:** crea una representación visual de la estructura.

Ejemplos de estructuras de información

- **Jerárquico:** Organización en niveles, como un árbol.
- **Basado en etiquetas:** uso de etiquetas para clasificar el contenido.
- **Facetado:** Combinación de múltiples criterios de búsqueda.
- **Geográfico:** Organización basada en ubicación geográfica.

Herramientas útiles para el diseño de IA

- **Software de creación de prototipos:** Figma, Sketch, Adobe XD
- **Herramientas de mapas mentales:** MindMeister, Coggle
- **Hojas de cálculo:** Excel, Hojas de cálculo de Google

En conclusión, la arquitectura de la información es un elemento fundamental para diseñar una experiencia de usuario exitosa. Una buena arquitectura de la información facilita el uso, la navegación y la comprensión de su producto, lo que aumenta la satisfacción del usuario y el éxito de su producto.

Wireframing: el esqueleto de tu interfaz

El wireframing es un poco como crear un boceto de un edificio antes de construirlo: nos permite visualizar la estructura y organización de una interfaz de usuario sin preocuparnos por la estética.

¿Por qué es importante?

- **Centrarse en la estructura:** le permite centrarse en la organización del contenido, la navegación y la interacción del usuario sin distracciones gráficas.
- **Comunicación eficaz:** facilita la comunicación entre diseñadores, desarrolladores y partes interesadas, lo que permite un debate y perfeccionamiento eficiente del diseño.
- **Ahorre tiempo y recursos:** identifique problemas potenciales de forma temprana, evitando cambios costosos más adelante.
- **Base sólida para el diseño:** proporciona una base sólida para la creación posterior del diseño visual.

¿Qué contiene un wireframe?

- **Elementos de la interfaz:** botones, campos de entrada, menús, encabezados, pies de página, etc.
- **Diseño:** cómo se organizan los elementos en la pantalla.
- **Contenido:** Texto de muestra para indicar el tipo de contenido que se mostrará.
- **Navegación:** Cómo los usuarios se mueven de una página a otra.

Tipos de wireframes

- **Baja fidelidad:** Bocetos realizados a mano o con herramientas sencillas, ideales para las primeras etapas de la lluvia de ideas.
- **Fidelidad media:** más detallado, utilizando herramientas de diseño y prestando más atención a la disposición de los elementos.
- **Alta fidelidad:** casi indistinguible de un diseño final, con la adición de algunos elementos gráficos.

Herramientas para crear wireframes:

- **Software especializado:** Figma, Sketch, Adobe XD, InVision
- **Herramientas de creación rápida de prototipos:** Balsamiq, Wireframe.cc
- **Herramientas de presentación:** PowerPoint, Keynote

Consejos para crear wireframes efectivos:

- **Mantenlo simple:** concéntrate en lo esencial.
- **Utilice una cuadrícula:** ayuda a crear un diseño ordenado y consistente.
- **Utilice un lenguaje visual claro:** utilice iconos y símbolos simples para

representar elementos de la interfaz.
- **Pon a prueba tus wireframes:** pide comentarios a otros para detectar cualquier problema.

En conclusión, el wireframe es un paso fundamental en el proceso de diseño de interfaz de usuario (UI). Permite crear una base sólida sobre la que construir una experiencia de usuario intuitiva y atractiva.

Prototipado de baja fidelidad y pruebas de usabilidad: Poniendo tus ideas a prueba

Los prototipos de baja fidelidad y las pruebas de usabilidad son herramientas esenciales para evaluar la eficacia de una interfaz de usuario en las primeras etapas del proceso de diseño.

¿Qué es un prototipo de baja fidelidad?

Un prototipo de baja fidelidad es una representación simplificada de una interfaz de usuario, a menudo realizada digitalmente o incluso con lápiz y papel. El objetivo es capturar la esencia de la interacción sin preocuparse por la estética.

¿Por qué es importante?

- **Velocidad:** Se pueden crear prototipos de baja fidelidad rápidamente, lo que permite iterar y probar diferentes ideas en poco tiempo.
- **Flexibilidad:** Son fáciles de modificar y adaptar en función de los comentarios de los usuarios.
- **Centrarse en la interacción:** le permite centrarse en la experiencia del usuario y la eficacia de la funcionalidad.

Herramientas de creación de prototipos de baja fidelidad

- **InVision:** una excelente opción para crear prototipos interactivos y colaborativos.
- **Marvel:** Fácil de usar e ideal para crear prototipos rápidamente.
- **Balsamiq:** Especializado en wireframing y prototipado low-fi.
- **Figma:** Además de los wireframes, permite crear prototipos más detallados.

Cómo realizar pruebas de usabilidad con un prototipo de baja fidelidad

1. **Define tus objetivos:** ¿Qué quieres descubrir con la prueba?
2. **Seleccionar participantes:** elija usuarios que representen a su público objetivo.
3. **Prepare el prototipo:** asegúrese de que sea claro y fácil de navegar.
4. **Crear un escenario:** define una tarea específica que el usuario debe realizar.
5. **Observar y tomar notas:** Observa cómo interactúa el usuario con el prototipo y anota sus acciones, dificultades y comentarios.
6. **Analiza tus resultados:** identifica las fortalezas y debilidades de tu diseño.

Qué buscar durante una prueba de usabilidad

- **Facilidad de uso:** ¿Puede el usuario completar la tarea sin dificultad?
- **Comprensibilidad:** ¿La interfaz es clara e intuitiva?
- **Eficiencia:** ¿Cuánto tiempo le toma al usuario completar la tarea?
- **Satisfacción:** ¿El usuario está satisfecho con la experiencia?

Beneficios de las pruebas de usabilidad con prototipos de baja fidelidad

- **Identificación temprana de problemas:** le permite identificar y resolver problemas antes de que se incorporen al producto final.
- **Experiencia de usuario mejorada:** ayuda a crear una interfaz más intuitiva y satisfactoria.
- **Reducción de costos:** evite desarrollar funciones que no funcionen.

En conclusión, el prototipado de baja fidelidad y las pruebas de usabilidad son una inversión fundamental para garantizar el éxito de un producto digital. Permiten obtener retroalimentación valiosa de los usuarios y mejorar constantemente el diseño.

Iteración de prototipos: refinamiento del diseño según los comentarios de los usuarios

Iterar prototipos significa utilizar los resultados de las pruebas de usabilidad para realizar cambios y mejoras en los wireframes. Es un proceso continuo que permite perfeccionar el diseño del producto, haciéndolo cada vez más intuitivo y fácil de usar.

¿Por qué iterar?

- **Mejore la experiencia del usuario:** las pruebas le indican dónde los usuarios tienen dificultades o confusión, lo que le permite realizar cambios para que la interfaz sea más clara e intuitiva.

- **Valide sus decisiones:** los datos recopilados durante las pruebas confirman si sus elecciones de diseño fueron correctas o si es necesario realizar correcciones.
- **Reducción de costos:** identificar y resolver problemas al comienzo del proyecto evita cambios costosos más adelante.

Cómo iterar sobre prototipos

1. **Analice los datos de prueba:** estudie cuidadosamente los videos de las sesiones de prueba, los comentarios de los usuarios y las notas que haya tomado.
2. **Identificar problemas:** Señale áreas específicas donde los usuarios encontraron dificultades o expresaron insatisfacción.
3. **Priorizar los cambios:** clasificar los problemas según su gravedad e impacto en la experiencia del usuario.
4. **Actualizar los wireframes:** realice los cambios necesarios en sus wireframes, teniendo en cuenta los comentarios que reciba.
5. **Pruebe nuevamente:** repita el proceso de prueba para ver si los cambios que realizó resolvieron los problemas y mejoraron la experiencia del usuario.

Ejemplos de cambios basados en los comentarios de los usuarios

- **Reorganización de contenido:** si los usuarios tienen problemas para encontrar una determinada información, es posible que deba reorganizar la estructura de su contenido.
- **Cambios en la navegación:** si los usuarios se pierden o no pueden encontrar la función que buscan, es posible que deba revisar su sistema de navegación.
- **Reformular el texto:** si su texto es confuso o ambiguo, es posible que tenga que reformularlo para hacerlo más claro.
- **Agregar elementos visuales:** si los usuarios no comprenden el propósito de un elemento, puedes agregar un ícono o una breve explicación.

Consejos para una iteración eficaz

- **Sea ágil:** no espere hasta tener todos los datos antes de realizar cambios.
- **Colaborar con el equipo:** involucrar a todos los miembros del equipo en el proceso de iteración.
- **Cambios en los documentos:** realice un seguimiento de todos los cambios realizados y los motivos detrás de ellos.
- **No tengas miedo de descartar ideas:** si una idea no funciona, no tengas

miedo de descartarla y probar algo nuevo.

En conclusión, la iteración es un proceso fundamental para crear productos digitales exitosos. Al escuchar las opiniones de los usuarios y realizar cambios según sus necesidades, se puede mejorar constantemente la experiencia del usuario y garantizar que el producto cumpla con las expectativas.

Interfaz de usuario y maqueta: cómo vestir nuestro producto

Una vez que hemos definido la estructura y funcionamiento del producto mediante wireframes y pruebas de usabilidad, finalmente podemos centrarnos en el aspecto visual: la **Interfaz de Usuario (UI)** .

¿Qué es la interfaz de usuario (UI)?

La IU es la interfaz gráfica que el usuario ve y con la que interactúa directamente. Es la parte visual del producto que incluye:

- **Elementos gráficos:** colores, fuentes, iconos, imágenes
- **Disposición:** disposición de los elementos en la pantalla
- **Interactividad:** cómo responden los elementos a las acciones del usuario

Maquetas: Borradores visuales de la interfaz de usuario

Las maquetas son representaciones visualmente más detalladas de los wireframes. Son como borradores de alta fidelidad que muestran cómo se verá realmente la interfaz final .

¿Por qué son importantes las maquetas?

- **Comunicación:** Permiten comunicar de forma más clara al cliente y al equipo de desarrollo cómo será el producto final.
- **Evaluación estética:** Ayudan a evaluar el impacto visual del diseño e identificar cualquier inconsistencia.
- **Pruebas de usabilidad:** se pueden utilizar para realizar más pruebas de usabilidad y recopilar comentarios sobre la apariencia visual.

Proceso de creación de maquetas

1. **Definición de estilo visual:** Elección de colores, tipografías, iconos y otros elementos gráficos que definen la identidad visual del producto.
2. **Creación de maquetas:** uso de herramientas de diseño como Figma, Sketch o Adobe XD para crear pantallas finales.
3. **Pruebas e iteraciones:** presentar maquetas al cliente y al equipo para recopilar comentarios y realizar cambios.

Elementos clave a tener en cuenta al crear maquetas

- **Coherencia:** Todos los elementos visuales deben ser coherentes entre sí y con la identidad de la marca.
- **Usabilidad:** El diseño debe ser intuitivo y fácil de navegar.
- **Accesibilidad:** La interfaz debe ser accesible para todos los usuarios, incluidas las personas con discapacidad.
- **Capacidad de respuesta:** El diseño debe adaptarse a diferentes dispositivos (computadora de escritorio, tableta, teléfono inteligente).

Herramientas para crear maquetas

- **Figma:** una gran herramienta para la colaboración y la creación de prototipos interactivos.
- **Sketch:** Especializado en diseño de interfaz de usuario.
- **Adobe XD:** Parte de la suite de Adobe, ofrece una amplia gama de herramientas de diseño.
- **InVision:** Plataforma interactiva de colaboración y creación de prototipos.

En conclusión , la fase de diseño de la interfaz de usuario (UI) es esencial para crear un producto que no solo sea funcional, sino también estéticamente atractivo. Las maquetas nos permiten visualizar el resultado final y realizar los últimos cambios antes de pasar a la fase de desarrollo.

Prueba final: la última milla antes del lanzamiento

Antes de lanzar el producto al mercado, es fundamental someterlo a una prueba final exhaustiva. Esto nos permitirá identificar cualquier error o problema de usabilidad que se haya pasado por alto durante las fases anteriores.

¿Por qué una prueba final?

- **Confirmación final:** verificar que todas las funciones funcionen correctamente y que la experiencia del usuario sea fluida.
- **Detección de errores:** identifica cualquier error o fallo que pueda afectar la experiencia del usuario.
- **Calificación general:** proporciona una calificación general del producto antes del lanzamiento.

Tipos de pruebas finales

- **Prueba de aceptación:** verifica que el producto cumple con los requisitos especificados en el documento de requisitos.
- **Pruebas de usabilidad:** evalúa qué tan fácil es usar tu producto para

usuarios reales.

- **Prueba de compatibilidad:** verificar que el producto funcione correctamente en diferentes plataformas y dispositivos.
- **Prueba de carga:** evalúa la capacidad del producto para manejar un gran volumen de usuarios y solicitudes.
- **Pruebas de seguridad:** verifica que el producto esté protegido contra vulnerabilidades y ataques cibernéticos.

Cómo organizar un examen final

1. **Establecer objetivos:** establezca claramente lo que desea probar.
2. **Selección de participantes:** elija una muestra representativa de usuarios finales.
3. **Creación de escenarios:** define una serie de tareas que los usuarios deberán realizar.
4. **Preparación del entorno de prueba:** asegúrese de que el entorno de prueba sea estable y esté libre de distracciones.
5. **Realización de pruebas:** observar a los usuarios mientras realizan tareas y recopilar sus comentarios.
6. **Analizar resultados:** analizar los datos recopilados e identificar cualquier problema.

Herramientas útiles

- **Software de grabación de pantalla:** para grabar sesiones de prueba.
- **Plataformas de pruebas de usabilidad remotas:** como UserTesting o Lookback.
- **Herramientas de análisis de datos:** Para analizar resultados de pruebas.

Qué buscar durante un examen final

- **Errores y fallos de funcionamiento:** errores que impiden al usuario completar una tarea.
- **Problemas de usabilidad:** elementos de la interfaz que son confusos o difíciles de usar.
- **Rendimiento:** La velocidad de respuesta del producto y la suavidad de las animaciones.
- **Compatibilidad:** Problemas de visualización u funcionamiento en diferentes dispositivos.
- **Satisfacción del usuario:** El nivel general de satisfacción del usuario.

En conclusión , las pruebas finales son un paso crucial en el proceso de desarrollo de un producto digital. Nos permiten identificar y resolver los últimos problemas antes del lanzamiento, garantizando así una experiencia de usuario óptima.

Algunos puntos clave que me gustaría destacar y desarrollar:

- **El valor de la iteración:** El diseño de UX no es un proceso lineal, sino una espiral. Cada iteración nos acerca a la solución ideal, perfeccionando el producto con base en las opiniones de los usuarios.
- **La importancia de las pruebas:** Las pruebas son la base del diseño UX. Nos permiten validar nuestras hipótesis, identificar problemas y medir la eficacia de nuestras soluciones.
- **Flexibilidad del proceso:** No existe una única forma correcta de diseñar UX. Cada proyecto es único y requiere un enfoque personalizado. El esquema que presentaste es un punto de partida, pero puede adaptarse a las necesidades específicas de cada proyecto.
- **El concepto de "lean":** El "Diseño Lean de UX" es un enfoque que se centra en minimizar el desperdicio y maximizar el valor. En este contexto, la iteración rápida, las pruebas continuas y la recopilación de retroalimentación son clave.

Para enriquecer aún más tu explicación podrías agregar:

- **El papel de la empatía:** El UX Designer debe ponerse en el lugar del usuario para entender sus necesidades, comportamientos y frustraciones.
- **La importancia de la colaboración:** el éxito de un proyecto UX depende de la colaboración entre diseñadores, desarrolladores, gerentes de producto y otras partes interesadas.
- **Herramientas utilizadas:** Proporcione una breve descripción general de las herramientas más comunes utilizadas en el proceso de diseño UX (por ejemplo, Figma, Sketch, Miro, UserTesting).
- **La evolución del diseño UX:** cómo el campo del diseño UX ha evolucionado a lo largo del tiempo, con la llegada de nuevas tecnologías y metodologías.

Un ejemplo práctico podría ayudar a aclarar el concepto. Podrías describir un escenario sencillo, como el diseño de una app de pedidos de comida, y explicar cómo se aplicaría el proceso de diseño de UX en este caso.

Preguntas para estimular el debate:

- ¿Cuáles son los principales retos que puede encontrar un diseñador UX durante un proyecto?
- ¿Cómo se puede medir el éxito de un proyecto UX?
- ¿Cuáles son las tendencias futuras en diseño UX?

Lean **Startup** ha revolucionado la forma en que abordamos el desarrollo de productos, aportando un soplo de pragmatismo y flexibilidad.

Para que el concepto de Lean UX quede aún más claro, podrías agregar:

- **El por qué de Lean:** Explicando cómo Lean Startup encaja perfectamente en el mundo del Diseño UX, donde la agilidad y la capacidad de adaptarse al feedback de los usuarios son esenciales.
- **Principios clave de Lean UX:** además del ciclo construir-medir-aprender, es posible que quieras mencionar otros principios como:
    - **Producto Mínimo Viable (MVP):** La creación de una versión mínima del producto con las características esenciales para probar una idea.
    - **Pivote:** La capacidad de cambiar de dirección en función de los resultados de las pruebas, sin miedo a descartar ideas que no funcionan.
    - **Cultura de Experimentación:** Un ambiente de trabajo que fomenta la experimentación y el aprendizaje continuo.
- **Herramientas útiles:** Presentar algunas herramientas específicas para Lean UX, como:
    - **Kanban:** Para visualizar tu flujo de trabajo y gestionar tareas.
    - **Pruebas A/B:** para comparar diferentes versiones de una interfaz o función.
    - **Mapas de calor:** Para analizar el comportamiento de los usuarios en las páginas web.

Un ejemplo práctico podría ser muy útil. Podrías describir cómo una empresa podría aplicar Lean UX para desarrollar una nueva aplicación móvil, partiendo de una idea inicial y siguiendo los distintos ciclos de desarrollo, medición y aprendizaje.

Además, podrías destacar los beneficios de Lean UX:

- **Reducción de riesgos:** Identificar y resolver problemas de forma temprana, evitando costos y retrasos.
- **Aumente la satisfacción del cliente:** cree productos que realmente satisfagan las necesidades del usuario.
- **Mayor agilidad:** adaptarse rápidamente a los cambios del mercado y a las nuevas tecnologías.

He aquí un posible ejemplo de cómo podría estructurar una explicación más completa:

Lean UX es un enfoque que nos permite desarrollar productos digitales de forma más eficiente y centrada en el usuario. Basado en los principios de Lean Startup, Lean UX nos invita a construir prototipos mínimos (MVP), probarlos rápidamente con los usuarios e iterar según el feedback recibido.

El ciclo de desarrollo, medición y aprendizaje es fundamental en este enfoque. Empezamos creando una versión simplificada del producto, la probamos con un grupo de usuarios, medimos su reacción y recopilamos sus comentarios. Con base en estos datos, modificamos el producto y repetimos el ciclo.

Un ejemplo práctico: Supongamos que queremos desarrollar una nueva app para pedir comida. En lugar de dedicar meses a desarrollar una app completa, empezamos creando un MVP con las funciones esenciales: búsqueda de restaurantes, creación de carritos y pago. Probamos esta versión con un grupo pequeño de usuarios y recopilamos sus comentarios.

Quizás los usuarios tengan problemas para encontrar los restaurantes que buscan o para completar el proceso de pago. En base a estos comentarios, estamos optimizando la interfaz de búsqueda, simplificando el proceso de pago y volviendo a realizar pruebas.

Las ventajas de Lean UX son numerosas:

- **Reducción de riesgos:** Identificamos y resolvemos problemas de forma temprana, evitando invertir recursos en funciones no utilizadas.
- **Mayor satisfacción del cliente:** Creamos productos que realmente satisfacen las necesidades del usuario. **Mayor agilidad:** Nos adaptamos rápidamente a los cambios del mercado y a las nuevas tecnologías.

En conclusión, Lean UX es un enfoque fundamental para cualquier diseñador que desee crear productos digitales exitosos. Al permitirnos ser más ágiles, estar más centrados en el usuario y estar más dispuestos a aprender de nuestros errores, Lean UX nos ayuda a crear experiencias digitales verdaderamente significativas.

El proceso de diseño UX es un viaje, no un destino. Es un camino dinámico y adaptable que requiere flexibilidad y una profunda comprensión de las necesidades del usuario.

Aquí hay algunos puntos clave para dominar el proceso de diseño UX:

- **La flexibilidad es clave:** cada proyecto es único y requiere un enfoque personalizado. No existe una fórmula mágica que funcione siempre.
- **Centrado en el usuario:** el objetivo final es siempre crear una experiencia de usuario positiva y satisfactoria.

- **La importancia de la iteración:** El proceso de diseño de UX es iterativo. Se parte de una idea, se construye un prototipo, se realizan pruebas con usuarios y se itera hasta alcanzar la solución óptima.
- **La colaboración es esencial:** el diseñador de UX trabaja en estrecha colaboración con otros profesionales, como desarrolladores, gerentes de producto y partes interesadas.
- **Formación continua:** El mundo del diseño y la tecnología está en constante evolución. Es importante mantenerse al día con las últimas tendencias y herramientas.

Para profundizar su comprensión del proceso de diseño UX, puede que desee:

- **Estudia diferentes marcos de trabajo:** Existen varios marcos de trabajo de diseño UX, como Double Diamond, Design Thinking y Lean UX. Cada uno tiene sus propias peculiaridades, pero todos comparten el objetivo de crear experiencias de usuario de alta calidad.
- **Experimenta con diferentes herramientas:** Existen numerosas herramientas digitales que pueden ayudarte a llevar a cabo diferentes etapas del proceso de diseño UX, desde la creación de wireframes hasta la realización de pruebas de usabilidad.
- **Participa en comunidades en línea:** participar en foros y grupos de diseño UX te permitirá interactuar con otros profesionales y aprender de diferentes experiencias.
- **Trabajar en proyectos personales:** Poner en práctica tus conocimientos en proyectos personales te ayudará a desarrollar tus habilidades y construir un portfolio.

En conclusión , dominar el proceso de diseño UX requiere tiempo, dedicación y un deseo constante de aprender. Pero los resultados, en términos de satisfacción personal y éxito profesional, son sin duda gratificantes.

El usuario es el centro de todo proyecto de diseño UX. Centrarse en sus características, necesidades y comportamientos es esencial para crear experiencias significativas y satisfactorias.

Profundicemos en algunos puntos clave:

- **Personas de Usuario:** Estos perfiles ficticios representan a nuestros usuarios ideales, con sus características demográficas, conductuales y psicológicas. Crear personas de usuario nos ayuda a tomar decisiones de diseño más informadas y a centrarnos en las necesidades específicas de nuestra audiencia.
- **Empatía:** Ponerse en el lugar del usuario es fundamental. Mediante entrevistas, observaciones y pruebas de usabilidad, podemos comprender

sus frustraciones, motivaciones y expectativas.

- **Personalización:** Adaptar las experiencias de usuario a las características individuales es una tendencia en auge. Personalizar el contenido, las recomendaciones y las interfaces puede aumentar significativamente la satisfacción del usuario.
- **Accesibilidad:** Diseñar para todos implica considerar las necesidades de los usuarios con discapacidad. Hacer que un producto sea accesible no solo es un requisito legal, sino también una oportunidad para llegar a un público más amplio.

Un ejemplo práctico:

Supongamos que estamos diseñando una aplicación de meditación. Los perfiles de usuario podrían incluir:

- **Persona 1:** Un profesional estresado que intenta reducir la ansiedad.
- **Persona 2:** Un padre ocupado que necesita momentos de relajación durante el día.
- **Persona 3:** Un adolescente que quiere mejorar su concentración para los estudios.

Para cada persona, podríamos definir objetivos, comportamientos y preferencias específicos. Por ejemplo, una persona estresada podría preferir meditaciones breves y guiadas, mientras que un adolescente podría estar más interesado en meditaciones dinámicas e interactivas.

Cómo integrar este concepto en su proceso de diseño UX:

1. **Investigación:** Realice una investigación en profundidad para comprender a su público objetivo.
2. **Creación de perfiles de usuario:** define perfiles detallados de tus usuarios ideales.
3. **Empatía:** Ponerse en el lugar del usuario e intentar comprender su punto de vista.
4. **Pruebas de usabilidad:** involucre a los usuarios en las pruebas para recopilar comentarios y validar sus decisiones de diseño.
5. **Iteración:** Continúe mejorando su producto en función de los comentarios de los usuarios.

En conclusión, poner al usuario en el centro del proceso de diseño es esencial para crear productos que no sólo sean funcionales, sino también significativos y memorables.

Centrar al usuario en el proceso de diseño es fundamental. Solicitar su opinión, especialmente en la fase inicial de un proyecto, es como tener una brújula que nos guía en la dirección correcta.

Por eso es tan importante involucrar a los usuarios desde el principio:

- **Valide sus hipótesis:** las entrevistas, la investigación y las pruebas le permiten verificar si sus intuiciones sobre el producto y los usuarios son correctas.
- **Descubra necesidades ocultas:** Los usuarios suelen tener necesidades que no expresan abiertamente. Al escucharlos atentamente, puede identificar oportunidades que, de otro modo, habría pasado por alto.
- **Obtenga comentarios valiosos:** los comentarios de los usuarios le ayudan a mejorar su producto y hacerlo más adecuado a sus necesidades.
- **Aumente la participación:** al involucrar a los usuarios en el proceso de diseño, los hace sentir parte del proyecto y aumenta la probabilidad de que se conviertan en sus clientes leales.

Algunas formas específicas de involucrar a los usuarios:

- **Entrevistas:** Conversaciones individuales con los usuarios para obtener una comprensión más profunda de sus necesidades y experiencias.
- **Grupos focales:** Discusiones grupales para identificar tendencias y opiniones comunes.
- **Cuestionarios:** encuestas en línea o en papel para recopilar datos cuantitativos de una muestra más amplia de usuarios.
- **Pruebas de usabilidad:** observación de los usuarios mientras interactúan con un prototipo de producto para identificar cualquier problema de usabilidad.

En el ejemplo del trabajo autónomo, usted podría:

- **Entreviste a freelancers de diferentes industrias:** para comprender sus desafíos diarios, las herramientas que utilizan y sus expectativas de un producto diseñado para ellos.
- **Organizar un grupo de enfoque:** para discutir temas específicos en un grupo, como la gestión del tiempo, la facturación o la búsqueda de nuevos clientes.
- **Crear un cuestionario en línea:** para recopilar datos cuantitativos sobre una muestra grande de autónomos, por ejemplo sobre el uso que hacen de determinado software o su satisfacción con los servicios existentes.

Recuerde: El objetivo no es solo recopilar datos, sino también comprender el porqué de las respuestas de los usuarios. **La empatía** es clave para interpretar correctamente la retroalimentación y convertir los conocimientos en acciones concretas.

La iteración continua es la clave para un buen diseño UX.

Es fundamental someter nuestro trabajo a un proceso continuo de verificación y mejora. Crear un wireframe comprensible y someterlo a pruebas de usabilidad tempranas nos permite:

- **Identifique los problemas rápidamente:** los puntos débiles suelen ser más evidentes en las primeras etapas de desarrollo, cuando el producto aún es maleable.
- **Ahorre tiempo y recursos:** corregir errores de forma temprana es mucho más eficiente que tener que rediseñar por completo un producto en una etapa avanzada del desarrollo.
- **Aumentar la satisfacción del usuario:** al involucrar a los usuarios desde las primeras etapas, garantizamos que el producto final realmente satisfaga sus necesidades.

El ciclo iterativo en la práctica:

1. **Wireframing:** Creación de una estructura esquemática de la interfaz, centrándose en la arquitectura de la información y la disposición de los elementos.
2. **Prototipado:** Creación de un prototipo interactivo, incluso de baja fidelidad, para simular la experiencia del usuario.
3. **Pruebas de usabilidad:** observación de usuarios reales mientras interactúan con el prototipo, para identificar dificultades y puntos de fricción.
4. **Iteración:** en función de los comentarios recopilados, se realizan los cambios necesarios en el diseño y se repite el ciclo.

¿Por qué es suficiente un wireframe para una prueba de usabilidad?

- **Centrarse en la interacción:** incluso un wireframe puede proporcionar información importante sobre la interacción del usuario con el producto.
- **Ahorre tiempo y recursos:** crear un prototipo de alta fidelidad requiere más tiempo y recursos.
- **Evaluación de la arquitectura de la información:** un wireframe permite evaluar la estructura y navegabilidad de la interfaz.

Consejos para una prueba de usabilidad efectiva en un wireframe:

- **Elija los usuarios adecuados:** asegúrese de que los participantes de su prueba representen a su público objetivo.
- **Define tus objetivos:** ¿Qué quieres descubrir con el test? ¿Cuáles son tus principales dudas?
- **Crear una tarea:** define una serie de tareas que el usuario debe realizar.
- **Observar y tomar notas:** durante la prueba, observe atentamente el comportamiento de los usuarios y tome notas de sus reacciones.
- **Solicitar feedback:** al final de la prueba, pide a los usuarios que

compartan sus impresiones.

En conclusión , la iteración continua y la participación del usuario en las primeras etapas del desarrollo son clave para crear productos exitosos. **El wireframe es una herramienta valiosa para iniciar este proceso e identificar rápidamente las debilidades del diseño.**

El enfoque que describes es fundamental para **el Design Thinking** y la **UX Lean** . La idea es **fracasar rápido para aprender rápido** . En lugar de perfeccionar un producto antes de mostrárselo a los usuarios, es mucho más efectivo crear prototipos preliminares, probarlos rápidamente e iterar según la retroalimentación.

He aquí por qué este enfoque es tan beneficioso:

- **Reducción de riesgos:** identificar y solucionar problemas de forma temprana evita invertir tiempo y recursos en soluciones que pueden no funcionar.
- **Mayor satisfacción del usuario:** al involucrar a los usuarios desde el principio, aumenta la probabilidad de crear un producto que realmente satisfaga sus necesidades.
- **Mayor agilidad:** La iteración continua le permite adaptarse rápidamente a los cambios del mercado y a las nuevas tecnologías.

Cómo poner este enfoque en práctica:

- **Prototipado rápido:** utilice herramientas como Figma, Sketch o InVision para crear prototipos interactivos de forma rápida y eficiente.
- **Pruebas de usabilidad frecuentes:** realice pruebas de usabilidad periódicamente para recopilar comentarios continuos.
- **Iteraciones cortas:** realice cambios de diseño en función de los comentarios y repita el ciclo de pruebas.
- **Cultura de experimentación:** Fomentar un entorno de trabajo donde el fracaso sea visto como una oportunidad de aprendizaje.

Un ejemplo práctico:

Imaginemos que desarrollamos una app de reservas para restaurantes. En lugar de dedicar meses a diseñar una interfaz perfecta, podríamos crear un prototipo básico con las funciones esenciales (búsqueda, reserva, pago) y probarlo con un grupo de usuarios.

Las pruebas podrían revelar que los usuarios tienen dificultades para encontrar restaurantes específicos o que el proceso de reserva es demasiado largo. Con base en estos comentarios, podríamos mejorar la función de búsqueda, optimizar el proceso de reserva y repetir la prueba.

En conclusión , el enfoque de "fallar rápido" es esencial para crear productos digitales exitosos. **Lo importante es tener una mente abierta, estar dispuesto a cambiar de rumbo y aprender de los errores.**

Optimización del proceso de diseño UX: un enfoque metodológico

Para asegurar un resultado final exitoso es fundamental adoptar metodologías y técnicas precisas que nos permitan:

- **Comprender profundamente las necesidades del cliente:** Analizando cuidadosamente las solicitudes y definiendo objetivos claros.
- **Organizar el contenido de forma eficaz:** creando una estructura de información clara e intuitiva.
- **Explora las características de la aplicación de forma sistemática:** Garantizando una experiencia de usuario fluida y satisfactoria.

Metodologías clave para la optimización:

- **Mapeo del recorrido del cliente:** Esta técnica nos permite visualizar el recorrido que sigue el usuario al interactuar con el producto o servicio. Al analizar cada punto de contacto, podemos identificar posibles problemas y oportunidades de mejora.
- **Historias de usuario:** Estas breves descripciones, escritas desde la perspectiva del usuario, nos ayudan a comprender sus motivaciones y objetivos. Las historias de usuario son un excelente punto de partida para el diseño de funcionalidades.
- **Flujo de usuario:** Diagrama que visualiza la ruta que sigue el usuario dentro de la aplicación. Al analizar el flujo de usuario, podemos identificar puntos de fricción y optimizar la navegación.
- **Arquitectura de la Información:** Esta disciplina se ocupa de la organización de la información dentro de un producto digital. Una buena arquitectura de la información facilita el acceso y la comprensión del contenido.
- **Wireframing:** La creación de wireframes nos permite visualizar la estructura de la interfaz de usuario antes de pasar al diseño gráfico.
- **Prototipado:** La creación de prototipos interactivos nos permite probar la usabilidad del producto con los usuarios.
- **Pruebas de usabilidad:** al observar a los usuarios mientras interactúan con el producto, podemos identificar cualquier problema de usabilidad y recopilar comentarios valiosos.

Cómo analizar las solicitudes de los clientes:

- **Definir objetivos:** ¿Cuáles son los objetivos del cliente? ¿Qué quiere lograr con este producto?

- **Identificar el público objetivo:** ¿Quiénes son los usuarios finales? ¿Cuáles son sus necesidades y expectativas?
- **Analiza a la competencia:** ¿Qué hacen tus competidores? ¿Cuáles son sus fortalezas y debilidades?

Cómo organizar mejor el contenido:

- **Creación de un mapa mental:** Visualizar la estructura de la información de forma jerárquica.
- **Definir categorías:** organizar el contenido en categorías lógicas y significativas.
- **Utilice un lenguaje claro y sencillo:** evite tecnicismos y jerga específica.
- **Optimizar la navegación:** facilitar al usuario encontrar la información que necesita.

Cómo explorar las funciones de una aplicación:

- **Crea un inventario de funciones:** enumera todas las funciones que tu aplicación necesita ofrecer.
- **Priorizar características:** identificar las características que son más importantes para los usuarios.
- **Definir flujos de trabajo:** describir cómo el usuario utilizará cada función.

En conclusión, optimizar el proceso de Diseño UX requiere un enfoque metodológico y una colaboración continua entre diseñadores, desarrolladores y partes interesadas. Mediante las técnicas y metodologías descritas, es posible crear productos digitales que respondan eficazmente a las necesidades del usuario.

El proceso ideal de Diseño UX, el que hemos descrito hasta ahora, es un modelo teórico. En realidad, los proyectos se enfrentan a limitaciones de tiempo, presupuesto y recursos.

A continuación se presentan algunos factores que pueden influir en la aplicación del proceso de diseño UX en un contexto del mundo real:

- **Presupuesto:** Un presupuesto limitado puede obligarlo a reducir el alcance del proyecto, utilizar herramientas menos sofisticadas o reducir el número de iteraciones.
- **Cronometrar:** Los plazos ajustados pueden dar lugar a una toma de decisiones más rápida y a sacrificar algunas actividades de investigación o prueba.
- **Habilidades:** No todas las empresas cuentan con un equipo completo de diseñadores de UX. A menudo, las responsabilidades se reparten entre

varios profesionales.

- **Cultura de la empresa:** La cultura de la empresa puede influir en la voluntad de invertir en diseño UX y adoptar un enfoque centrado en el usuario.

¿Cómo afrontar estos retos?

- **Adaptar el proceso:** El proceso de Diseño UX debe ser flexible y adaptable a las necesidades específicas de cada proyecto. No existe una única forma correcta de realizar Diseño UX.
- **Priorizar actividades:** es fundamental priorizar y centrarse en las actividades que tengan el mayor impacto en la experiencia del usuario.
- **Utilice herramientas gratuitas o de código abierto:** existen numerosas herramientas gratuitas o de código abierto que se pueden utilizar para realizar tareas de diseño de UX.
- **Involucrar a las partes interesadas:** involucrar a los clientes y a las partes interesadas internas desde el principio es fundamental para establecer prioridades y gestionar las expectativas.
- **Creación de una cultura UX:** fomentar una cultura empresarial que valore la importancia de la experiencia del usuario.

Un manual de supervivencia para diseñadores de UX

Tu manual enfatiza acertadamente la importancia de la flexibilidad y la adaptabilidad. Un diseñador UX debe ser capaz de trabajar en diferentes contextos y encontrar soluciones creativas incluso con recursos limitados.

Algunos consejos prácticos:

- **Sea proactivo:** anticipe problemas potenciales y proponga soluciones creativas.
- **Comunicarse eficazmente:** Explique claramente el valor de su trabajo y los beneficios que el diseño UX puede aportar a la empresa.
- **Sea flexible:** acepte los cambios y adapte su trabajo a las nuevas necesidades.
- **Sigue aprendiendo:** Mantén siempre tus conocimientos actualizados con las últimas tendencias y tecnologías.

En conclusión , el proceso de Diseño UX es una herramienta valiosa, pero no debe convertirse en un dogma. El objetivo final siempre es crear productos útiles y agradables de usar.

Diseñar para el usuario y el cliente: el equilibrio perfecto

A menudo, en un proyecto de diseño UX, nos vemos obligados a encontrar un equilibrio entre las necesidades del usuario y las del cliente. Ambas partes tienen expectativas y objetivos diferentes, y nuestro trabajo consiste en encontrar un punto de encuentro que satisfaga a todos.

¿Por qué es tan importante considerar tanto al usuario como al cliente?

- **Usuario:** Es la persona que utilizará el producto. Su satisfacción es fundamental para el éxito a largo plazo del producto.
- **Cliente:** La persona que paga por el producto. Sus objetivos comerciales deben estar alineados con las necesidades del usuario.

¿Cómo equilibrar las necesidades de ambos?

1. **Comprenda los objetivos de ambos:**
   - **Usuario:** ¿Cuáles son sus necesidades, frustraciones y objetivos?
   - **Cliente:** ¿Cuáles son sus objetivos de negocio? ¿Cuáles son los KPI que desea mejorar?
2. **Crea un mapa de empatía:** Ponte en el lugar del usuario e intenta comprender sus emociones, pensamientos y acciones.
3. **Define personas de usuario:** crea perfiles detallados de usuarios típicos para centrar tus esfuerzos de diseño.
4. **Priorizar:** No siempre es posible satisfacer todas las necesidades de ambos. Es necesario priorizar según los objetivos del proyecto.
5. **Comunicarse eficazmente:** explicar al cliente la importancia de una excelente experiencia de usuario y cómo puede contribuir al logro de sus objetivos comerciales.
6. **Iterar y probar:** involucrar a los usuarios en la fase de diseño para recopilar comentarios y realizar mejoras continuas.

Ejemplos de conflictos entre las necesidades del usuario y del cliente y posibles soluciones:

- **Usuario:** Quiere una interfaz sencilla e intuitiva.
- **Cliente:** Quiere incluir tantas funciones como sea posible.
  - **Solución:** Organizar las funcionalidades de forma clara y jerárquica, utilizando un menú de navegación intuitivo.
- **Usuario:** Quiere una experiencia personalizada.
- **Cliente:** Quiere reducir costos de desarrollo.
  - **Solución:** Ofrecer un nivel básico de personalización gratuito y un nivel premium de pago.

Herramientas útiles para equilibrar las necesidades de usuarios y clientes:

- **Mapa del recorrido del cliente:** visualice el recorrido del usuario e identifique los puntos de contacto con la marca.
- **Mapeo de historias de usuario:** organice las características del producto según su importancia para el usuario.

- **MoSCoW:** clasifica las características en imprescindibles, necesarias, posibles y no necesarias.

En conclusión, diseñar para el usuario y el cliente requiere un enfoque equilibrado y pragmático. El objetivo es crear un producto que no solo sea útil y agradable de usar, sino que también genere valor para la empresa.

La alineación entre las necesidades del cliente y los objetivos de diseño UX .

El cliente, el verdadero motor del negocio

Es importante recordar que, más allá de nuestra pasión por la usabilidad y la estética, trabajamos para un cliente con expectativas muy específicas. Estas expectativas, como bien señalaste, se traducen en:

- **Resultados tangibles:** aumento de ventas, mayor participación del usuario, mejora de la reputación de la marca.
- **Retorno de la inversión:** El cliente quiere ver un retorno concreto del dinero invertido en el proyecto.

El valor añadido del diseño UX

Nuestro desafío como diseñadores UX es, por tanto, demostrar cómo una excelente experiencia de usuario puede ayudar a alcanzar estos objetivos.

A continuación se muestran algunos puntos clave para "vender" el valor del Diseño UX al cliente:

- **Reducción de costes:**
  - **Pruebas de usabilidad tempranas:** identificar y solucionar los problemas antes de que resulten costosos de solucionar.
  - **Retención mejorada:** los usuarios satisfechos tienen más probabilidades de regresar y recomendar el producto a otros.
- **Aumentar las conversiones:**
  - **Interfaces intuitivas:** guía a los usuarios hacia las acciones deseadas.
  - **Microinteracciones bien diseñadas:** hacen que la interacción con su producto sea más agradable y atractiva.
- **Mejorar la reputación de la marca:**
  - **Experiencia de usuario positiva:** crea una imagen de marca positiva.
  - **Comentarios positivos:** Los usuarios satisfechos comparten su experiencia en las redes sociales.

Comunicarse eficazmente

Para convencer al cliente del valor del Diseño UX, es fundamental comunicar de forma clara y concisa los beneficios que obtendrá.

- **Utilice un lenguaje sencillo:** evite los tecnicismos y céntrese en resultados concretos.
- **Muestre datos:** utilice métricas y datos para demostrar la eficacia de sus soluciones.
- **Narración de historias:** utilice estudios de casos y ejemplos del mundo real para ilustrar los beneficios del diseño UX.

En conclusión, nuestro rol como diseñadores de UX va más allá de simplemente crear interfaces atractivas. Necesitamos ser verdaderos consultores capaces de demostrar cómo una excelente experiencia de usuario puede contribuir al éxito del negocio del cliente.

El diseño UX, cuando se presenta de la manera correcta, se convierte en un aliado invaluable para el cliente, no en un obstáculo.

A continuación se presentan algunos puntos clave para reforzar este concepto:

- **El diseño UX como inversión, no como gasto:** Los clientes suelen percibir el diseño como un gasto adicional. Nuestro trabajo es hacerles comprender que es una inversión a largo plazo. Un producto bien diseñado no solo atrae nuevos usuarios, sino que también los fideliza, reduciendo así los costes de adquisición.
- **La importancia de los datos:** Los datos son nuestra arma secreta. Al mostrarle al cliente cómo las pruebas de usabilidad y el análisis de datos pueden generar decisiones informadas y resultados medibles, aumentaremos su interés en invertir en UX.
- **El rol del diseñador UX como consultor:** No solo somos creativos, sino también consultores estratégicos. Podemos ayudar al cliente a definir objetivos, identificar oportunidades y evaluar el impacto de las decisiones de diseño.
- **El poder de contar historias:** Las historias venden. Contar historias de éxito de otros clientes que se han beneficiado del diseño UX puede ser muy efectivo.

Cómo superar la resistencia del cliente:

- **Sea claro y conciso:** evite los tecnicismos y concéntrese en los resultados concretos que el cliente quiere lograr.
- **Sea flexible:** adapte su propuesta a las necesidades específicas del cliente.
- **Sea paciente:** construir una relación de confianza con su cliente lleva tiempo.

En conclusión , el Diseño UX, bien presentado, es un factor clave para el éxito de un producto o servicio. Nuestro trabajo es demostrar al cliente que invertir en la experiencia del usuario significa invertir en el futuro de su negocio.

La flexibilidad es una de las claves del éxito en el mundo del diseño UX. Cuando los recursos son limitados, es fundamental saber adaptarse y centrarse en lo esencial.

A continuación se presentan algunas estrategias para agilizar el proceso sin sacrificar la eficacia:

1. Centrarse en las prioridades:

- **Identificar las capacidades clave:** ¿Cuáles son las que aportan mayor valor al usuario y a la empresa? Céntrese en ellas.
- **Crear un MVP (Producto Mínimo Viable):** Un producto mínimo viable que incluye sólo las características esenciales para validar la idea con los usuarios.
- **Utilice un enfoque ágil:** trabaje en iteraciones cortas, concentrándose en una sola característica a la vez.

2. Optimizar herramientas y metodologías:

- **Herramientas gratuitas o de código abierto:** Figma, Sketch, Adobe XD ofrecen versiones gratuitas o de prueba que pueden ser suficientes para proyectos pequeños.
- **Metodologías rápidas:** clasificación de tarjetas en línea, prototipado de baja fidelidad, pruebas de usabilidad con pocos participantes.
- **Automatización:** utilice herramientas para automatizar determinadas tareas, como la creación de encuestas o el análisis de datos.

3. Involucrar a las partes interesadas desde el principio:

- **Talleres rápidos:** realice talleres breves e intensivos para recopilar comentarios y alinear las expectativas.
- **Decisiones colaborativas:** involucrar al cliente y otras partes interesadas en decisiones importantes para acelerar el proceso.

4. Crea un prototipo funcional rápidamente:

- **Prototipado de baja fidelidad:** utilice herramientas como Balsamiq o bocetos simples para crear prototipos rápidos.
- **Prueba A/B:** compare diferentes versiones de un elemento de interfaz para identificar la solución más efectiva.

5. Medir el impacto:

- **Métricas clave:** céntrese en las métricas clave que demuestran el éxito del producto (por ejemplo, tasa de conversión, tiempo de permanencia).

- **Comentarios de los usuarios:** recopile comentarios constantes de los usuarios para identificar áreas de mejora.

Recuerda: Incluso con un presupuesto limitado, es posible crear una experiencia de usuario positiva. La clave está en ser creativo, flexible y centrarse en los objetivos principales.

Profundicemos en este concepto de "control de tonterías" y veamos cómo podemos implementarlo en la práctica:

Control de mentiras: nuestra primera línea de defensa

El "chequeo de bullshit" es un análisis crítico del briefing inicial que nos permite:

- **Identificación de contradicciones:** En ocasiones, las solicitudes del cliente pueden ser contradictorias o poco claras. Es nuestra labor identificar estas inconsistencias y buscar una solución compartida.
- **Desenmascarar expectativas poco realistas:** Es importante gestionar las expectativas del cliente desde el principio. Si un objetivo es poco realista, debemos comunicarlo abiertamente.
- **Entender las verdaderas necesidades del cliente:** Detrás de las peticiones explícitas del cliente, a menudo hay necesidades más profundas que debemos intentar comprender.

Cómo hacer una comprobación de tonterías eficaz:

1. **Análisis breve:** Lea el resumen con atención, resaltando las partes poco claras o contradictorias.
2. **Preguntas aclaratorias:** Hacer preguntas específicas al cliente para aclarar cualquier duda.
3. **Comparación de datos:** si es posible, compare los requisitos del cliente con los datos del mercado o la investigación de usuarios.
4. **Evaluación de viabilidad:** Verificar si los requisitos del cliente son técnica y económicamente factibles.

Ejemplos de "tonterías" comunes en los escritos:

- **"Queremos una app que lo haga todo":** El cliente suele tener expectativas demasiado altas. Es importante ayudarle a centrarse en las funciones más importantes.
- **"A nuestros usuarios les encanta el color rosa intenso":** Esta afirmación podría no estar respaldada por datos. Se necesita investigación para comprender las preferencias reales de los usuarios.
- **"Queremos un diseño innovador y revolucionario":** la innovación es importante, pero no debe comprometer la usabilidad.

¿Por qué es tan importante la comprobación de tonterías?

- **Ahorra tiempo y recursos:** Al evitar trabajar en proyectos poco realistas o poco claros, ahorras tiempo y optimizas recursos.
- **Mejorar la colaboración con el cliente:** Un análisis crítico del briefing demuestra al cliente que somos profesionales serios y competentes.
- **Garantizará un resultado de calidad:** Un proyecto bien definido desde el principio tiene más posibilidades de tener éxito.

En conclusión , la verificación de errores es fundamental para asegurar el éxito de un proyecto de UX. Nos permite empezar con buen pie y evitar sorpresas en el camino.

Un **benchmark rápido** es una herramienta esencial cuando el tiempo apremia. Nos permite recopilar información valiosa sobre nuestros competidores e identificar las mejores prácticas del sector.

A continuación te indicamos cómo estructurar un benchmark rápido y efectivo:

1. Definición de objetivos:

- **¿Qué queremos descubrir?** Identificar las características que más nos interesan (p. ej., estructura de la información, diseño, funcionalidad, etc.).
- **¿Quiénes son nuestros competidores?** Enumere a los principales actores del mercado y sus productos más similares a los nuestros.

2. Elección de herramientas:

- **Evaluación comparativa:** utilice herramientas como SimilarWeb, Alexa o Ahrefs para comparar el tráfico, la interacción y las palabras clave de sus competidores.
- **Benchmarking visual:** utiliza herramientas como Miro o Mural para crear un moodboard y comparar la interfaz de usuario de tus competidores.
- **Análisis de reseñas:** lea las reseñas de los usuarios en varias tiendas de aplicaciones o sitios de reseñas para comprender las fortalezas y debilidades de los competidores.

3. Recopilación de datos:

- **Navegación rápida:** visite sitios o aplicaciones de la competencia para tomar notas sobre las características que le interesan.
- **Captura de pantalla:** captura capturas de pantalla de pantallas clave para análisis visual.

- **Nota:** Escribe las fortalezas y debilidades de cada competidor.

4. Análisis de datos:

- **Identificación de las mejores prácticas:** ¿Cuáles son las características comunes de los mejores productos?
- **Identificar oportunidades:** ¿Cuáles son los aspectos que los competidores no han considerado?
- **Definir puntos de diferenciación:** ¿Cómo podemos hacer que nuestro producto sea único y mejor?

5. Resumen de resultados:

- **Cree un informe conciso:** presente sus resultados de forma clara y concisa, destacando los hallazgos clave.
- **Compartir los resultados con el equipo:** involucre al equipo del proyecto para discutir los resultados y definir las próximas acciones.

Ejemplos rápidos de referencia:

- **Aplicaciones de fitness:** compare la interfaz de usuario, las funciones de seguimiento, las comunidades en línea y las estrategias de personalización.
- **Sitios web de comercio electrónico:** analice la estructura del sitio, la facilidad de navegación, el proceso de pago y las estrategias de venta adicional.
- **Aplicaciones bancarias:** compare la experiencia de incorporación, las funciones de pago, la seguridad y la personalización.

Recuerde: una evaluación comparativa rápida no sustituye una investigación exhaustiva, pero puede proporcionar una base sólida para tomar decisiones informadas rápidamente.

Historia y flujo de usuario: la guía para definir las acciones del usuario

Historias de usuario: ¿Qué son?

Las historias de usuario son una forma flexible y ágil de describir la funcionalidad de un producto desde la perspectiva del usuario. Son breves, sencillas y se centran en el valor que una característica aporta al usuario.

Estructura típica:

- **Como** tipo de usuario
- **Quiero** realizar una acción
- **Para que** yo pueda lograr un resultado

Ejemplo:

- Como usuario registrado, quiero agregar un producto a mi carrito para poder comprarlo más tarde.

Por qué son importantes:

- **Centrado en el usuario:** Ponen las necesidades y deseos del usuario en el centro.
- **Facilitan la comunicación:** Hacen más fácil la comunicación entre los miembros del equipo.
- **Fomentan la colaboración:** fomentan la colaboración entre desarrolladores, diseñadores y propietarios de productos.

Flujo: ¿Qué son?

Un **flujo** es la secuencia de acciones que realiza un usuario para lograr un objetivo específico dentro de un producto. Es una representación visual de la ruta que sigue el usuario.

Por qué son importantes:

- **Visualizar la experiencia del usuario:** Permiten visualizar todo el recorrido del usuario, destacando cualquier punto de fricción o dificultad.
- **Identificar posibles interacciones:** Ayudan a identificar todas las posibles interacciones entre el usuario y el producto.
- **Facilitan el diseño de la interfaz:** Guían el diseño de la interfaz de usuario, asegurando que sea intuitiva y fácil de usar.

De la historia de usuario al flujo: ¿cómo conectar ambos conceptos?

Cada historia de usuario puede traducirse en uno o más flujos. Por ejemplo, la historia de usuario «Como usuario registrado, quiero añadir un producto al carrito para comprarlo más tarde» puede dividirse en varios flujos:

- **Flujo de búsqueda:** El usuario busca un producto utilizando la barra de búsqueda o navegando por categorías.
- **Flujo de detalle del producto:** el usuario ve la página del producto y lee la información.
- **Flujo Agregar al carrito:** El usuario hace clic en el botón "Agregar al carrito" y verifica el contenido del carrito.

Cómo definir flujos:

1. **Identificar historias de usuario:** enumera todas las historias de usuario relacionadas con el producto.
2. **Creación de un mapa mental:** visualización de diferentes historias de

usuario y sus relaciones.

3. **Definir puntos de inicio y final:** identificar claramente el inicio y el final de cada flujo.

4. **Identificar nodos de decisión:** Identificar los puntos en los que el usuario debe tomar una decisión (por ejemplo, continuar navegando, realizar una compra, etc.).

5. **Crear diagramas de flujo:** utilice herramientas como Lucidchart o Miro para crear diagramas de flujo detallados.

¿Por qué es importante definir flujos?

- **Mejorar la experiencia del usuario:** Permite identificar y resolver cualquier problema de navegación o comprensión.
- **Optimizar la conversión:** ayuda a guiar al usuario hacia los objetivos deseados.
- **Facilita la colaboración:** proporciona un lenguaje común para todos los miembros del equipo.

En conclusión:

Las historias de usuario y los flujos son herramientas complementarias que nos permiten diseñar productos centrados en el usuario. Al combinarlos, podemos crear experiencias de usuario fluidas, intuitivas y satisfactorias.

Punto de referencia de patrones para wireframes: un enfoque estratégico

El patrón de referencia de wireframe es una práctica extremadamente útil para acelerar el proceso de diseño y garantizar una experiencia de usuario de alta calidad.

¿Qué es un patrón de referencia?

Es un modelo reutilizable, una solución ya probada y validada por otros, que puede adaptarse a nuestro proyecto específico. En lugar de reinventar la rueda, podemos aprender de las mejores prácticas del sector y aplicar las soluciones más eficaces.

¿Por qué utilizar patrones de referencia?

- **Ahorra tiempo:** al evitar rediseñar elementos comunes desde cero, aceleras los tiempos de desarrollo.
- **Mejorar la usabilidad:** los patrones son soluciones que ya han sido probadas y optimizadas para su uso.
- **Aumentar la consistencia:** el uso de patrones consistentes crea una experiencia de usuario más consistente e intuitiva.

- **Reduce riesgos:** se reduce la probabilidad de errores y aumenta la satisfacción del usuario.

Cómo utilizar patrones de referencia:

1. **Identificar patrones:**

   - **Investigación:** utilice motores de búsqueda, plataformas de diseño (como Dribbble o Behance) y sitios que se especialicen en diseño de patrones (como Pattern Lab).
   - **Análisis de la competencia:** analice los sitios web y las aplicaciones de sus competidores para identificar los patrones que utilizan.
   - **Bibliotecas de patrones:** consulte las bibliotecas de patrones predefinidas (por ejemplo, Bootstrap, Material Design).

2. **Evaluar patrones:**

   - **Contexto:** asegúrese de que el patrón se ajuste a su contexto específico (tipo de producto, público objetivo).
   - **Eficacia:** evaluar la eficacia del patrón en términos de usabilidad, accesibilidad y estética.
   - **Flexibilidad:** Compruebe si el patrón se puede adaptar a sus necesidades específicas.

3. **Adaptando patrones:**

   - **Personalización:** Adapta el estampado a tu marca y estilo visual.
   - **Contexto:** Asegúrese de que el patrón se adapte perfectamente al resto de la interfaz.

Ejemplos de patrones comunes:

- **Navegación:** Menú hamburguesa, barra de navegación, migas de pan.
- **Formularios:** Campos de entrada, botones, mensajes de error.
- **Checkout:** Carrito, resumen del pedido, métodos de pago.
- **Modal:** Ventanas emergentes para mostrar información adicional.
- **Tarjeta:** Contenedores para mostrar información de forma concisa.

Herramientas útiles:

- **Bibliotecas de componentes:** React, Vue, Angular.
- **Sistema de diseño:** Material Design, Pautas de interfaz humana de Apple.
- **Plataformas de creación de prototipos:** Figma, Sketch, Adobe XD.

Advertencias:

- **No copie a ciegas:** adapte siempre los patrones a sus necesidades específicas.

- **Evalúa el contexto:** asegúrate de que el patrón sea coherente con el resto de tu interfaz.
- **Prueba de usabilidad:** Los patrones probados también deben validarse en su contexto.

En conclusión:

El patrón de referencia es una herramienta valiosa para mejorar la eficiencia y la calidad de su trabajo. Al usar los patrones adecuados, puede crear interfaces de usuario más intuitivas, consistentes y agradables.

El uso de patrones de referencia también se extiende de manera efectiva al diseño de la interfaz de usuario (UI).

¿Por qué utilizar patrones de referencia de UI?

- **Coherencia con las expectativas del usuario:** Los usuarios están acostumbrados a ciertas interfaces y gestos. El uso de patrones establecidos reduce el tiempo de aprendizaje y aumenta la satisfacción.
- **Acelere el proceso de diseño:** No es necesario reinventar la rueda para cada elemento gráfico. Puede reutilizar y adaptar elementos existentes.
- **Mejora de la estética:** los patrones de interfaz de usuario de referencia proporcionan orientación para crear interfaces visualmente agradables que sean coherentes con las tendencias de diseño.
- **Mayor accesibilidad:** muchos patrones están diseñados teniendo en cuenta los principios de accesibilidad, lo que garantiza que su producto pueda ser utilizado por un público más amplio.

Cómo utilizar patrones de referencia de UI:

1. **Identificación de patrones:**
   - **Investigación:** utilice plataformas como Dribbble, Behance, Pinterest y sitios especializados en diseño de UI para encontrar inspiración.
   - **Análisis de la competencia:** vea cómo sus competidores utilizan patrones y qué resultados obtienen.
   - **Bibliotecas de patrones:** consulte bibliotecas de patrones predefinidas (por ejemplo, Material Design, Human Interface Guidelines).
2. **Evaluación de patrones:**
   - **Contexto:** Asegúrese de que el patrón sea apropiado para su marca y público objetivo.
   - **Efectividad:** Evaluar la efectividad del patrón en términos de comunicación visual y usabilidad.
   - **Tendencias:** Verificar si el patrón es consistente con las tendencias

de diseño actuales.

3. Adaptación de patrones:

- **Personalización:** Adapta el estampado a tu marca y estilo visual.
- **Contexto:** Asegúrese de que el patrón se adapte perfectamente al resto de la interfaz.

Ejemplos de patrones de interfaz de usuario comunes:

- **Tipografía:** Elección de fuente, espaciado, jerarquía visual.
- **Colores:** Paleta de colores, contraste, accesibilidad.
- **Iconografía:** Estilos icónicos, significado de los iconos.
- **Diseño:** Cuadrículas, espaciado, alineación.
- **Microinteracciones:** retroalimentación visual, animaciones.

Herramientas útiles:

- **Software de diseño:** Figma, Sketch, Adobe XD.
- **Bibliotecas de componentes:** React, Vue, Angular.
- **Paletas de colores:** Coolors, Adobe Color.

Advertencias:

- **No copie a ciegas:** adapte siempre los patrones a sus necesidades específicas.
- **Evalúa el contexto:** asegúrate de que el patrón sea coherente con el resto de tu interfaz.
- **Prueba de usabilidad:** Los patrones probados también deben validarse en su contexto.

En conclusión,

Usar patrones de referencia de IU permite crear interfaces de usuario más consistentes, estéticamente atractivas y fáciles de usar. Sin embargo, recuerde que la originalidad es importante y que los patrones deben usarse como punto de partida para crear una experiencia de usuario única y memorable.

Es fundamental construir una relación de confianza con el cliente basada en la transparencia y la honestidad. **Exagerar el valor del proyecto o prometer características que no se pueden garantizar es contraproducente y puede dañar su reputación.**

Aquí hay un enfoque más eficaz para presentar su proyecto:

1. Centrarse en el valor real:

- **Resalte los beneficios tangibles:** explique claramente cómo su proyecto resolverá los problemas del cliente y conducirá a resultados mensurables (mayor conversión, mejor experiencia del usuario, etc.).

- **Cuantifique sus resultados:** si es posible, utilice datos y estadísticas para demostrar el valor de su trabajo.
- **Resalte la singularidad:** explique qué hace que su proyecto sea diferente de la competencia y por qué el cliente debería elegirlo.

2. Sea transparente sobre las restricciones:

- **Comunicar las limitaciones:** si hubo restricciones de tiempo o presupuesto, explique cómo optimizó el proyecto para lograr el mejor resultado.
- **Explique las opciones de diseño:** justifique sus opciones de diseño y cualquier simplificación.
- **Sea proactivo:** anticipe las preguntas potenciales de los clientes y prepare respuestas claras y concisas.

3. Utilice las herramientas UX a su favor:

- **Muestra el proceso:** explica cómo utilizaste las herramientas UX para comprender las necesidades de los usuarios y tomar decisiones informadas.
- **Visualice los resultados:** utilice wireframes, maquetas, prototipos y datos de usabilidad para hacer que sus resultados sean tangibles.
- **Involucre al cliente:** solicite retroalimentación del cliente durante la presentación para asegurarse de que el proyecto esté en línea con sus expectativas.

4. Concéntrese en la calidad, no en la cantidad:

- **Concéntrese en lo esencial:** seleccione la información más importante y preséntela de forma clara y concisa.
- **Utilice un lenguaje sencillo:** evite términos técnicos que puedan confundir al cliente.
- **Visualizar conceptos:** utilice gráficos, cuadros e imágenes para facilitar la comprensión de la información.

Ejemplos de herramientas UX que puedes utilizar para presentaciones:

- **Persona de usuario:** presente un retrato detallado del usuario típico para demostrar que comprende sus necesidades.
- **Mapa del recorrido:** vea la ruta del usuario a través del producto.
- **Wireframe:** muestra la estructura de la interfaz de usuario.
- **Prototipo:** Permite al cliente interactuar con una versión funcional del producto.
- **Datos de usabilidad:** demuestre la eficacia de sus soluciones a través de

los resultados de las pruebas.

Recuerde: el objetivo de la presentación es convencer al cliente del valor de su trabajo, no impresionarlo con jerga técnica o números inflados.

La fase de briefing es crucial y requiere gran atención por nuestra parte. El cliente, por muy entusiasta e involucrado que esté en el proyecto, a menudo carece de las habilidades técnicas necesarias para expresar sus necesidades de forma clara y completa.

A continuación se presentan algunos consejos prácticos para guiar al cliente en el análisis del briefing:

1. Escucha activa y preguntas específicas:

   - **Ponte en su lugar:** intenta comprender el punto de vista del cliente y sus motivaciones.
   - **Haga preguntas abiertas:** anímelo a explicar en detalle sus objetivos, miedos y expectativas.
   - **Aclarar términos:** Si el cliente utiliza términos técnicos que no están claros, solicite aclaraciones.

2. Traducir el lenguaje del cliente al lenguaje técnico:

   - **Simplificar conceptos:** Explicar los términos técnicos de forma clara y concisa, evitando la jerga.
   - **Utilice ejemplos:** Muestre al cliente ejemplos concretos de lo que quiere decir.
   - **Crear un vocabulario compartido:** Definir con el cliente los términos clave que se utilizarán durante el proyecto.

3. Propone soluciones, no sólo recoge peticiones:

   - **Analice el contexto:** considere la industria del cliente, el público objetivo y los competidores.
   - **Ofrecer alternativas:** Presentar varias opciones, resaltando los pros y contras de cada una.
   - **Justifica tus elecciones:** explica las razones detrás de tus propuestas, basándote en datos e investigaciones.

4. Involucrar al cliente en el proceso de toma de decisiones:

   - **Crear talleres:** organizar sesiones de lluvia de ideas para involucrar al cliente en la definición de objetivos y prioridades.
   - **Utilice herramientas visuales:** utilice wireframes, maquetas y prototipos

para hacer más concretas sus propuestas.

- **Recopilar comentarios:** solicite constantemente los comentarios de los clientes y ajuste el diseño en consecuencia.

5. Gestionar las expectativas:

- **Sea transparente:** comunique claramente los plazos, los costos y los riesgos potenciales del proyecto.
- **Gestionar expectativas poco realistas:** explicar al cliente que no todas las soluciones son posibles y que es importante encontrar un equilibrio entre sus necesidades y los recursos disponibles.

Algunos errores comunes a evitar:

- **Aceptar un informe vago:** un informe poco claro seguramente creará problemas durante el desarrollo.
- **Prometer lo imposible:** Es mejor ser honesto y comunicar las limitaciones del proyecto al cliente.
- **Discutir con el cliente:** Mantener una actitud constructiva y buscar siempre una solución compartida.

Recuerde: Guiar al cliente a través del proceso de briefing es una inversión de tiempo que dará sus frutos en términos de satisfacción del cliente y éxito del proyecto.

A continuación se presentan algunas preguntas clave que debe hacerle a su cliente:

Metas y expectativas:

- **¿Cuáles son los principales objetivos de este proyecto?** (Ventas, conocimiento de marca, fidelización, etc.)
- **¿Qué espera lograr realmente al final del proyecto?** (Números, resultados medibles)
- **¿Quién es el público objetivo ideal?** (Demografía, comportamientos, necesidades)
- **¿Quiénes son los principales competidores y qué los distingue?**
- **¿Qué le hizo elegirnos para este proyecto?**

Miedos y dudas:

- **¿Cuáles son sus mayores preocupaciones sobre este proyecto?** (Tiempo, costo, resultados)
- **¿Ha tenido experiencias negativas con proyectos similares en el**

pasado?
- ¿Qué le hace sentir más inseguro?

Visión y Valores:
- **¿Cuál es la visión a largo plazo de su negocio?**
- **¿Cuáles son los valores fundamentales de su empresa?**
- **¿Cómo ves tu producto/servicio en 5 años?**

Aspectos específicos del proyecto:
- **¿Cuáles son las características esenciales que deben estar presentes?**
- **¿Cuáles son las características "agradables de tener"?**
- **¿Hay alguna característica que no deseas en absoluto?**
- **¿Tienes alguna preferencia estética o de estilo?**
- **¿Tiene usted un presupuesto establecido?**

Experiencia del usuario:
- **¿Cómo imaginas la experiencia de usuario ideal?**
- **¿Cuáles son las fortalezas y debilidades de la experiencia del usuario actual?**
- **¿Cuáles son las principales frustraciones de los usuarios actuales?**

Además de las preguntas, aquí hay algunos consejos prácticos:
- **Utilice un lenguaje sencillo y claro:** Evite términos técnicos y siglas que puedan confundir al cliente.
- **Escuche activamente:** preste atención no sólo a lo que la persona está diciendo, sino también a su tono de voz y lenguaje corporal.
- **Tome notas:** anote toda la información relevante para obtener una descripción completa del proyecto.
- **Visualizar:** Utilice diagramas, bocetos o ejemplos para aclarar sus preguntas y propuestas.
- **Tenga paciencia:** es posible que necesite hacer más preguntas para llegar al meollo del asunto.

La pregunta sobre los objetivos de negocio es fundamental para alinear las expectativas del cliente con nuestras habilidades y asegurar el éxito del proyecto.

Desglosemos esta cuestión con más detalle y analicemos algunos escenarios:

Profundice en sus objetivos de negocio:
- **Cuantificar resultados:** Solicite al cliente que cuantifique sus objetivos

(p. ej., "Me gustaría aumentar las ventas un 20 % en los próximos 6 meses"). Esto nos permite medir el éxito del proyecto y definir KPI específicos.

- **Entender el porqué:** Pida al cliente que explique el motivo de cada objetivo. Esto nos ayudará a comprender mejor sus motivaciones y a proponer soluciones más efectivas.
- **Evaluar la viabilidad:** comprobar si los objetivos son realistas y alcanzables dentro del plazo establecido.

Escenarios y señales de advertencia:

- **Rediseño gráfico y conversiones:** Como bien señalaste, un rediseño gráfico no basta para aumentar las conversiones. Podrían ser necesarias intervenciones más profundas en la arquitectura de la información, la experiencia de usuario y la redacción de textos.
- **Aplicación viral y notoriedad de marca:** Una aplicación viral no garantiza una mayor notoriedad de marca. Se requiere un plan de marketing bien definido y una estrategia de interacción con el usuario.
- **Objetivos contrapuestos:** En ocasiones, el cliente puede expresar objetivos contrapuestos (p. ej., "Quiero un sitio web que sea atractivo y rápido"). En este caso, es necesario ayudarle a priorizar sus necesidades.

Cómo manejar las discrepancias:

- **Haz preguntas aclaratorias:** "Si tu objetivo es aumentar las conversiones, ¿por qué crees que un rediseño gráfico es la mejor solución?"
- **Proponer alternativas:** "También podríamos considerar un análisis de la experiencia del usuario para identificar puntos de fricción en el recorrido de compra y optimizarlos".
- **Educar al cliente:** Explicarle de forma sencilla y clara las implicaciones de sus peticiones y las posibles alternativas.
- **Colaborar:** Involucrar al cliente en el proceso de toma de decisiones y ayudarlo a definir una estrategia más efectiva.

Otros aspectos a considerar:

- **Marco temporal:** Pregúntele al cliente qué marco temporal espera para lograr los objetivos.
- **Presupuesto:** Entender cuánto está dispuesto a invertir el cliente en el proyecto.
- **Medición de Resultados:** Definir con el cliente qué métricas utilizaremos para medir el éxito del proyecto.

En conclusión:

La fase de definición de los objetivos de negocio es esencial para garantizar el éxito de un proyecto. Al formular preguntas precisas y exhaustivas, podemos ayudar al cliente a aclarar sus expectativas y definir una estrategia eficaz. Siempre recordamos que nuestra función es guiar al cliente hacia las mejores soluciones, incluso cuando esto implique cuestionar sus creencias iniciales.

El Design Thinking nos proporciona un marco sólido para abordar este desafío. Centrarse en el problema real y verificar si la solución propuesta realmente aborda esa necesidad es un excelente punto de partida.

Ampliando el razonamiento, podríamos añadir más preguntas para refinar nuestro análisis:

- **¿Está bien definido el problema?** A menudo, el cliente puede expresar una incomodidad general sin especificar claramente el problema. Es nuestra labor refinarlo mediante preguntas específicas.
- **¿Es la solución proporcional al problema?** A veces, el cliente puede pedir una solución excesiva para un problema relativamente simple, o viceversa.
- **¿Es viable la solución?** Es importante evaluar la viabilidad técnica, económica y temporal de la solución propuesta.
- **¿Es la solución coherente con los objetivos de negocio?** Como ya hemos visto, la solución debe estar alineada con los objetivos de negocio del cliente.
- **¿Es la solución sostenible a largo plazo?** Es importante considerar su impacto a lo largo del tiempo y su escalabilidad.

Además del Design Thinking, existen otras herramientas útiles que pueden ayudarnos a identificar "estupideces":

- **Investigación de usuarios:** involucrar a los usuarios finales para comprender profundamente sus necesidades y comportamientos.
- **Análisis de la competencia:** Analizar las soluciones propuestas por los competidores para identificar las mejores prácticas y oportunidades de diferenciación.
- **Análisis de datos:** Utilizar datos para respaldar nuestras decisiones y validar nuestras hipótesis.
- **Prototipado:** creación de prototipos para probar soluciones y recopilar comentarios de los usuarios.

Un ejemplo práctico:

Un cliente nos pide desarrollar una app para reservar un taxi. Tras un análisis exhaustivo, descubrimos que el principal problema no es la reserva en sí, sino la dificultad de encontrar uno libre en hora punta. En este caso, la solución podría estar más orientada a proporcionar al usuario una estimación del tiempo de espera y sugerir alternativas de transporte.

En conclusión:

Identificar las inconsistencias en un briefing requiere un enfoque crítico y una profunda comprensión de las necesidades del cliente y del contexto del mercado. Al combinar el design thinking con otras herramientas y técnicas, podemos desarrollar soluciones eficaces y duraderas.

Es esencial que nosotros, como profesionales del diseño y desarrollo, no nos limitemos a ejecutar pasivamente las solicitudes del cliente, sino que ofrezcamos valor añadido a través de nuestra experiencia y habilidades de análisis crítico.

A continuación se presentan algunos puntos clave a tener en cuenta al abordar una situación de este tipo:

- **La necesidad de un desafío constructivo:** Es importante crear un ambiente de trabajo colaborativo donde el cliente se sienta libre de expresar sus ideas, pero también abierto a recibir feedback y sugerencias.
- **La importancia de una comunicación transparente:** Debemos ser claros y directos al comunicar nuestras dudas e inquietudes al cliente, sin juzgarlo.
- **Potenciar el pensamiento crítico:** Explicar al cliente que nuestro objetivo es crear un producto exitoso y que, para ello, es necesario analizar a fondo sus peticiones y cuestionar los supuestos implícitos.
- **Proponer alternativas:** Cuando en una petición del cliente se detecta un problema, es fundamental proponer alternativas concretas y motivadas.

Algunos ejemplos de cómo afrontar esta situación:

- **En lugar de decir:** «Esta idea nunca funcionará», **podrías decir:** «Entiendo tu idea, pero dudo de su eficacia para lograr nuestro objetivo. ¿Podríamos explorar otras alternativas más adecuadas para nuestro público objetivo?».
- **En lugar de decir:** "Esta función es inútil", **podría decir:** "He observado que los usuarios podrían no usar esta función con frecuencia. ¿Podríamos reasignar recursos a otras funciones que tengan un mayor impacto en la experiencia del usuario?".
- **En lugar de decir:** «Tu diseño es feo», **podrías decir:** «El diseño es un elemento fundamental para comunicar el valor de nuestro producto. Podríamos colaborar para crear una estética coherente con nuestra marca y atractiva para nuestro público objetivo».

Recuerde: el objetivo no es desmotivar al cliente, sino ayudarle a aclarar sus ideas y encontrar las mejores soluciones.

El Lean Canvas es una herramienta poderosa para las empresas emergentes porque obliga a los fundadores a centrarse en los elementos que son esenciales para el éxito de un nuevo producto o servicio.

Por eso, definir usuarios, problemas y soluciones es el primer paso crucial:

- **Claridad de la propuesta de valor:** comprender quiénes son sus usuarios y cuáles son sus problemas específicos le permitirá crear una propuesta de valor clara y convincente.
- **Orientación al cliente:** Poner al usuario en el centro ayuda a evitar desarrollar productos o servicios que no satisfagan sus necesidades reales.
- **Reducción de riesgos:** al analizar cuidadosamente el mercado y las necesidades de los usuarios, se reducen las posibilidades de lanzar un producto que fracase.
- **Facilitar la toma de decisiones:** tener una visión clara de los usuarios, los problemas y las soluciones simplifica el proceso de toma de decisiones durante el desarrollo del producto.

Además del Lean Canvas, otras herramientas útiles para definir estos elementos clave son:

- **Mapa del recorrido del cliente:** visualice el recorrido del cliente dentro del producto o servicio, destacando los puntos de contacto y cualquier problema crítico.
- **Persona de usuario:** cree un perfil detallado del usuario típico, incluyendo información demográfica, comportamientos, objetivos y frustraciones.
- **Enunciado del problema:** Formula de forma clara y concisa el problema que el producto o servicio pretende resolver.

¿Por qué es tan importante involucrar al cliente en esta etapa temprana?

- **Validación de hipótesis:** al involucrar a los usuarios desde el principio, puede validar hipótesis y recopilar comentarios valiosos.
- **Mayor compromiso:** sentirse involucrado en el proceso de desarrollo hace que sea más probable que los usuarios apoyen el producto.
- **Reducción de costos:** Identificar los problemas y soluciones más importantes desde el principio le permitirá optimizar recursos y reducir los costos de desarrollo.

En conclusión, definir claramente a los usuarios, los problemas y las soluciones es la base del éxito de cualquier startup. Mediante herramientas como el Lean Canvas e involucrando activamente a los clientes, se pueden aumentar las posibilidades de lanzar un producto que tenga éxito en el mercado.

El marco SMART es una herramienta sumamente útil para refinar los objetivos de negocio y hacerlos más concretos y medibles. Al aplicarlo al análisis del briefing, podemos comprender mejor las expectativas del cliente y definir una estrategia más eficaz.

Veamos cómo podemos aplicar el marco SMART a los objetivos de negocio:

- **Específico:** El objetivo debe ser claro y conciso, sin ambigüedades. En lugar de decir: "Quiero aumentar las ventas", podría decir: "Quiero aumentar las ventas del Producto X en un 20 % en los próximos 6 meses".
- **Medible:** El objetivo debe ser cuantificable, con indicadores clave de rendimiento (KPI) bien definidos. Por ejemplo, si el objetivo es aumentar el conocimiento de marca, se podría medir el aumento de seguidores en redes sociales o la tasa de clics en el contenido.
- **Alcanzable:** El objetivo debe ser realista y alcanzable con los recursos disponibles. Es importante evitar establecer metas demasiado ambiciosas y desmotivadoras para el equipo.
- **Realista (Relevante):** El objetivo debe ser coherente con la estrategia general de la empresa y estar alineado con otros objetivos.
- **Limitado en el tiempo:** El objetivo debe tener una fecha límite bien definida. Esto ayuda a crear un sentido de urgencia y a monitorear el progreso.

Ejemplo práctico:

Supongamos que un cliente nos dice: "Quiero un sitio web más atractivo". Utilizando el marco SMART, podríamos reformular el objetivo de la siguiente manera: "Queremos aumentar nuestra tasa de conversión en un 15 % en los próximos 3 meses mediante un rediseño del sitio web que se centre en optimizar la experiencia del usuario y en hacer que la llamada a la acción sea clara".

¿Por qué es importante utilizar el marco SMART?

- **Claridad:** ayuda a definir objetivos claros que comparten todos los miembros del equipo.
- **Enfoque:** Te permite concentrarte en las acciones más importantes para lograr tus objetivos.
- **Motivación:** Proporciona un sentido de dirección y motiva al equipo para lograr resultados.
- **Medición:** Permite monitorear el progreso y evaluar la efectividad de las acciones tomadas.

Otros beneficios de utilizar el marco SMART en su breve análisis:

- **Alineación del cliente:** ayuda a verificar si las expectativas del cliente son realistas y están alineadas con nuestras capacidades.
- **Identificar cualquier brecha:** resalta cualquier brecha en la definición de objetivos y le permite pedirle aclaraciones al cliente.
- **Creación de un plan de acción:** una vez que haya definido los objetivos SMART, es más fácil crear un plan de acción detallado para alcanzarlos.

En conclusión , el marco SMART es una herramienta valiosa para transformar las solicitudes imprecisas del cliente en objetivos concretos y medibles. Al aplicarlo al análisis del briefing, podemos garantizar que el proyecto esté enfocado, sea eficaz y se ajuste a las expectativas del cliente.

La especificidad es clave al definir objetivos SMART. Un objetivo impreciso da lugar a diferentes interpretaciones y puede generar malentendidos entre el cliente y el equipo del proyecto.

A continuación se muestran algunos ejemplos de cómo hacer que un objetivo sea más específico:

- **En lugar de:** "Quiero mejorar el SEO de mi sitio web", **podrías decir:** "Quiero aumentar las clasificaciones de las 10 palabras clave más relevantes para mi industria en las primeras páginas de Google en los próximos 6 meses".
- **En lugar de:** "Quiero aumentar mi participación en las redes sociales", **podrías decir:** "Quiero aumentar la cantidad de "Me gusta" y comentarios en mis publicaciones de Facebook en un 30 % para fin de año".
- **En lugar de:** "Quiero un sitio web más rápido", **podría decir:** "Quiero reducir el tiempo de carga de mi página de inicio a menos de 3 segundos dentro del próximo mes".

Preguntas clave para garantizar la especificidad:

- **¿Qué es exactamente lo que quieres lograr?**
- **¿Cómo se mide el éxito?**
- **¿Cuáles son los parámetros específicos que debemos mantener bajo control?**

Además de la especificidad, también es importante considerar otros aspectos:

- **Contexto:** El objetivo debe ser coherente con el contexto general del negocio y otros objetivos de la empresa.

- **Recursos:** Es necesario comprobar si los recursos disponibles (tiempo, presupuesto, habilidades) son suficientes para alcanzar el objetivo.
- **Viabilidad:** El objetivo debe ser realista y alcanzable dentro del plazo establecido.

En conclusión, la especificidad es el primer paso para definir objetivos SMART. Un objetivo claro y conciso te permite enfocar tus esfuerzos, medir tu progreso y lograr los resultados deseados.

La mensurabilidad es un pilar fundamental de los objetivos SMART. Un objetivo no medible es como una flecha sin diana: no sabemos si damos en el blanco.

Cómo convertir conceptos abstractos en métricas concretas:

- **De la felicidad a la interacción:** En lugar de medir la felicidad, podemos medir la interacción del usuario. Esto se puede hacer mediante métricas como el tiempo promedio de permanencia en el sitio, la tasa de rebote, el número de páginas vistas por sesión o la tasa de conversión.
- **De la notoriedad de marca a la notoriedad:** En lugar de medir la notoriedad de marca de forma genérica, podemos medir la notoriedad de marca a través de encuestas, estudios de mercado o analizando el volumen de búsquedas de nuestra marca en buscadores.
- **Desde la calidad del servicio hasta la satisfacción del cliente:** Podemos medir la satisfacción del cliente a través de encuestas postventa, Net Promoter Score (NPS) o tasa de recompra.

Ejemplos de cómo hacer que los objetivos abstractos sean mensurables:

- **En lugar de:** "Quiero que mis clientes estén más felices" **podrías decir:** "Quiero aumentar mi Net Promoter Score en 10 puntos para fin de año".
- **En lugar de:** "Quiero mejorar la reputación de mi marca", **podrías decir:** "Quiero aumentar mis reseñas positivas en Google en un 20 % en los próximos 3 meses".
- **En lugar de:** "Quiero que los usuarios participen más", **podría decir:** "Quiero aumentar el tiempo promedio dedicado a la aplicación en un 25 % para el próximo trimestre".

¿Por qué es tan importante la mensurabilidad?

- **Seguimiento del progreso:** le permite realizar un seguimiento de sus resultados y comprender si está yendo en la dirección correcta.
- **Identificar áreas de mejora:** destaca las áreas en las que es necesario actuar para alcanzar los objetivos.
- **Evaluación de la efectividad de las acciones:** Permite medir el impacto

de diferentes iniciativas y optimizar recursos.

- **Comunicar Resultados:** Permite comunicar de forma clara y transparente los resultados obtenidos a tu equipo y clientes.

En conclusión, la mensurabilidad es un elemento esencial para transformar objetivos imprecisos en resultados concretos. Al elegir las métricas adecuadas, podemos monitorear el progreso, tomar decisiones informadas y alcanzar nuestros objetivos.

El componente "Accionable" del marco SMART es esencial para transformar un objetivo en un plan de acción concreto.

A continuación, se presentan algunos puntos clave a tener en cuenta para que un objetivo sea viable:

- **Acciones específicas:** El objetivo debe sugerir acciones concretas y mensurables que se puedan llevar a cabo.
- **Rendición de cuentas:** Debe quedar claro quién es responsable de llevar a cabo las acciones.
- **Recursos:** Los recursos necesarios para alcanzar el objetivo deben estar disponibles (tiempo, presupuesto, habilidades).
- **Cronometrar:** Las acciones deben planificarse dentro de un marco temporal definido.

Ejemplos de cómo hacer que un objetivo sea viable:

- **En lugar de:** "Queremos mejorar la experiencia del usuario", **podrías decir:** "Queremos reducir el tiempo de carga de la página del sitio en un 30% durante el próximo mes optimizando las imágenes y minimizando el código".
- **En lugar de:** "Queremos aumentar la visibilidad de nuestra marca", **podría decir:** "Queremos aumentar nuestra presencia en las redes sociales lanzando una campaña publicitaria paga en Instagram y Facebook para llegar a una audiencia de 10,000 nuevos usuarios en el próximo trimestre".

Preguntas clave para comprobar si un objetivo es viable:

- **¿Qué haremos exactamente para lograr este objetivo?**
- **¿Quién será responsable de llevar a cabo estas acciones?**
- **¿Qué recursos se necesitan?**
- **¿Cuando empezaremos y cuando esperamos llegar a la meta?**

En conclusión, el componente "Accionable" del marco SMART nos permite transformar nuestros objetivos en planes de acción concretos y medibles. Al centrarnos en acciones específicas y alcanzables, aumentamos nuestras posibilidades de éxito.

El componente "realista" del marco SMART es esencial para evitar establecer objetivos que, si bien ambiciosos, sean inalcanzables y desmotivadores.

Cómo evaluar la viabilidad de un objetivo:

- **Benchmarking:** compare sus objetivos con los de su industria y los resultados logrados por competidores similares.
- **Análisis de recursos:** verificar si los recursos disponibles (tiempo, presupuesto, habilidades) son suficientes para lograr el objetivo.
- **Experiencia pasada:** considere resultados pasados logrados con iniciativas similares.
- **Factores externos:** Tener en cuenta los factores externos que puedan influir en el logro del objetivo (por ejemplo, competencia, condiciones económicas, tendencias del mercado).

Ejemplos de cómo hacer que una meta sea realista:

- **En lugar de:** "Queremos ser la marca líder en el mercado dentro de un año", **podría decir:** "Queremos aumentar nuestra participación de mercado en un 10% en los próximos 12 meses centrándonos en un segmento de nicho específico".
- **En lugar de:** "Queremos duplicar nuestros ingresos para el próximo trimestre", **podría decir:** "Queremos aumentar nuestros ingresos en un 15% para el próximo trimestre lanzando una nueva línea de productos y aumentando nuestros esfuerzos de marketing".

Preguntas clave para comprobar la viabilidad de un objetivo:

- **¿Tenemos los recursos para lograr este objetivo?**
- **¿Hemos considerado todos los factores que podrían influir en el logro del objetivo?**
- **¿Hemos comparado este objetivo con los de otros actores del mercado?**
- **¿Es este objetivo coherente con nuestra estrategia general?**

En conclusión , el componente "realista" del marco SMART nos ayuda a establecer objetivos ambiciosos pero alcanzables. Al evitar objetivos poco realistas, mantenemos al equipo motivado y aumentamos la probabilidad de éxito.

El componente "limitado en el tiempo" es esencial para hacer que un objetivo sea INTELIGENTE y para garantizar que haya un sentido de urgencia y responsabilidad.

¿Por qué es importante definir un marco temporal?

- **Enfoque:** Un marco de tiempo definido ayuda a concentrar los esfuerzos y priorizar las actividades.

- **Medición del progreso:** un marco temporal preciso le permite monitorear el progreso y evaluar la efectividad de las acciones tomadas.
- **Responsabilidad:** Asignar una responsabilidad clara y establecer una fecha límite para alcanzar el objetivo.
- **Adaptación:** Si los resultados no son los esperados, un marco temporal definido permite reevaluar la estrategia y realizar las correcciones necesarias a tiempo.

Ejemplos de cómo definir un marco temporal:

- **En lugar de:** "Queremos aumentar las ventas en línea" **podría decir:** "Queremos aumentar las ventas en línea en un 20% para el final del año fiscal".
- **En lugar de:** "Queremos mejorar la experiencia del usuario", **podrías decir:** "Queremos reducir los tiempos de carga de la página en un 30% en los próximos dos meses".

Preguntas clave para definir un marco temporal:

- **¿Cuando queremos lograr este objetivo?**
- **¿Cuales son las etapas intermedias que debemos alcanzar?**
- **¿Cuáles son los obstáculos potenciales y cómo podemos mitigarlos?**

En conclusión, el componente "limitado en el tiempo" hace que un objetivo SMART sea completo y operativo. Al definir un plazo claro y realista, aumentamos la probabilidad de éxito y creamos un sentido de urgencia que motiva al equipo a lograr los resultados deseados.

En un contexto de recursos limitados, el análisis de la competencia se convierte en un arma de doble filo. Por un lado, nos permite copiar las mejores prácticas del sector; por otro, nos expone al riesgo de copiar sin un análisis crítico y perder nuestra identidad de marca.

A continuación se ofrecen algunos consejos prácticos para realizar un análisis eficaz de la competencia en poco tiempo:

1. **Seleccione los competidores adecuados:** concéntrese en 5 a 10 competidores directos que tengan una audiencia similar a la suya y ofrezcan productos o servicios comparables.
2. **Definir los criterios de evaluación:** Además de la estructura del sitio, considere también:
   - **Navegabilidad:** ¿Es fácil encontrar lo que buscas?
   - **Usabilidad:** ¿Las interfaces son intuitivas?
   - **Diseño visual:** ¿Los colores, imágenes y tipografía son consistentes con la marca?
   - **Contenido:** ¿Los textos son claros, concisos y persuasivos?

- **Llamada a la acción:** ¿Las llamadas a la acción son claras y bien ubicadas?
- **Experiencia móvil:** ¿el sitio está optimizado para dispositivos móviles?

3. **Utilice herramientas de análisis:** herramientas como Google Analytics pueden proporcionarle datos valiosos sobre el comportamiento de los usuarios en los sitios de sus competidores.
4. **Ponte en el lugar del usuario:** navega por los sitios de tus competidores como si fueras un cliente que busca un producto o servicio.
5. **Toma notas:** escribe las características que te gustan y las que te gustaría evitar.
6. **Sé crítico:** No copies ciegamente. Intenta comprender las razones de las decisiones de tus competidores y adapta las ideas a tu contexto específico.
7. **No olvides tu identidad:** La inspiración es importante, pero no debe eclipsar tu creatividad. Intenta encontrar el equilibrio entre ser único y seguir las tendencias del mercado.

Las historias de usuario son una herramienta valiosa en el diseño de UX para centrarse en las necesidades del usuario y traducir los requisitos funcionales a un lenguaje que todos los miembros del equipo puedan entender.

¿Por qué son tan efectivas las historias de usuario?

- **Enfoque en el usuario:** Ponen el foco en quién utilizará el producto, facilitando la empatía y la comprensión de sus necesidades.
- **Lenguaje sencillo:** La estructura simple y directa hace que las historias de usuario sean fácilmente comprensibles incluso para personas sin conocimientos técnicos.
- **Flexibilidad:** Se adaptan a cualquier tipo de proyecto y pueden perfeccionarse y actualizarse durante el desarrollo del producto.
- **Colaboración:** Fomentan la colaboración entre los diferentes miembros del equipo, promoviendo un enfoque compartido del diseño.

Cómo escribir una buena historia de usuario:

Para escribir una historia de usuario efectiva, es importante seguir estos consejos:

- **Rol específico:** definir claramente quién es el usuario que realiza la acción.
- **Acción concreta:** describe con precisión lo que el usuario quiere hacer.
- **Resultado medible:** Indica el beneficio que el usuario obtendrá de la acción.

Ejemplos de historias de usuario:

- **Bien:** *Como cliente registrado, quiero poder agregar productos al carrito y proceder al pago, para poder comprar los productos que quiero.*
- **Malo:** *Como usuario, quiero usar el sitio para poder hacer cosas.* (Demasiado general, le falta especificidad).

Cómo utilizar historias de usuario en el proceso de diseño:

1. **Recopilación de historias de usuario:** involucre a los usuarios, las partes interesadas y el equipo de desarrollo para recopilar una lista completa de historias de usuario.
2. **Priorización:** ordene las historias de usuario según su importancia y urgencia.
3. **Creación de flujos de usuario:** utilice historias de usuario como base para crear diagramas que ilustren la ruta que tomará el usuario para alcanzar su objetivo.
4. **Diseño de interfaz:** diseñar interfaces de usuario para soportar los flujos de usuarios y satisfacer las necesidades expresadas en las historias de los usuarios.
5. **Pruebas de usuario:** evalúe su diseño involucrando a los usuarios en sesiones de prueba para verificar si se han satisfecho las historias de usuario.

Además de la estructura básica, puedes enriquecer tus historias de usuario con:

- **Criterios de aceptación:** Condiciones específicas que deben cumplirse para que la historia del usuario se considere completa.
- **Ejemplo:** *Como cliente registrado, quiero poder añadir productos al carrito y proceder con la compra para poder adquirir los productos que quiero. Criterios de aceptación: el producto debe estar añadido al carrito, el cliente debe poder cambiar la cantidad, el cliente debe poder finalizar la compra y el pago debe ser exitoso.*
- **Historias como estas:** Breves descripciones de casos de uso específicos que ayudan a visualizar el contexto.

Conclusión:

Las historias de usuario son una herramienta poderosa para centrarse en el usuario y garantizar que el producto satisfaga sus necesidades. Al usarlas eficazmente, puede mejorar la calidad de su diseño y aumentar la satisfacción del usuario.

¡Totalmente correcto! Las historias de usuario son un excelente punto de partida para estimular nuestra creatividad y explorar a fondo todas las posibles interacciones que un usuario podría tener con nuestro producto.

Una excelente idea es expandir las historias de usuario a partir de una

acción inicial. Este proceso, llamado **"distribución en abanico"** o **"expandir las historias de usuario "**, nos permite identificar nuevas características y requisitos que quizás no se hayan identificado inicialmente.

Tomando el ejemplo de inicio de sesión, podríamos generar las siguientes historias de usuario adicionales:

- **Registro:** *Como nuevo usuario, quiero registrarme en el servicio para acceder a todas las funciones.*
- **Recuperación de contraseña:** *Como usuario registrado, quiero poder recuperar mi contraseña en caso de olvidarla, para poder acceder a mi cuenta.*
- **Eliminación de cuenta:** *Como usuario registrado, quiero poder eliminar mi cuenta en cualquier momento, para que mis datos personales se eliminen del sistema.*
- **Configuraciones de la cuenta:** *Como usuario registrado, quiero poder acceder a la configuración de mi cuenta para cambiar mis datos personales y preferencias.*

Pero no solo eso. También podríamos considerar escenarios más complejos y específicos, como:

- **Iniciar sesión con redes sociales:** *Como usuario, quiero poder registrarme o iniciar sesión en el servicio utilizando mi cuenta de red social.*
- **Autenticación de dos factores:** *Como usuario, quiero poder habilitar la autenticación de dos factores para proteger mi cuenta.*
- **Sesiones celebradas:** *Como usuario, quiero que mi sesión permanezca activa durante un período de tiempo determinado, para no tener que ingresar continuamente mis credenciales.*

¿Por qué es importante ampliar las historias de usuario?

- **Visión holística:** Nos permite tener una visión más completa del producto y sus características.
- **Mejor experiencia de usuario:** al identificar todas las interacciones posibles, podemos diseñar una experiencia de usuario más fluida e intuitiva.
- **Reducción de errores:** al anticiparnos a posibles problemas, podemos prevenir errores y fallos durante el desarrollo.
- **Priorización:** nos ayuda a comprender qué características son más importantes para los usuarios y priorizar el trabajo de desarrollo.

En conclusión:

Las historias de usuario son una herramienta versátil que nos permite explorar en profundidad las necesidades del usuario y definir los requisitos funcionales de nuestro producto. Al expandir las historias de usuario desde una acción inicial, podemos identificar nuevas oportunidades y mejorar la calidad general de nuestra aplicación.

La diferencia entre el flujo de usuario y el mapa del sitio:

Flujo de usuario

- **Qué son:** Son representaciones visuales del camino que toma un usuario dentro de un producto digital para lograr un objetivo específico.
- **Enfoque:** Se centran en las acciones del usuario, las decisiones que toma y los puntos de contacto con la interfaz.
- **Propósito:** Ayudan a comprender cómo interactúan los usuarios con el producto, identificar puntos de fricción y optimizar la experiencia del usuario.
- **Ejemplos:**
  - Proceso de pago en comercio electrónico
  - Registrar y activar una cuenta
  - Buscar y reservar un vuelo
- **Herramientas:** Diagramas de flujo, wireframes, prototipos.

Mapa del sitio

- **Qué son:** Son mapas visuales que muestran la estructura y jerarquía de las páginas de un sitio web.
- **Enfoque:** Se centran en la organización de los contenidos y su relación entre sí.
- **Propósito:** Ayudan a comprender la estructura general del sitio, facilitan la navegación y mejoran el SEO.
- **Ejemplos:**
  - Mapa jerárquico de las páginas de un sitio web
  - Mapa de categorías y productos de un e-commerce
- **Herramientas:** Software de diseño web, herramientas de creación de mapas de sitios.

Relación entre el flujo de usuario y el mapa del sitio

Aunque son conceptos distintos, el flujo de usuario y el mapa del sitio están estrechamente relacionados:

- **Un buen flujo de usuario se basa en un mapa del sitio sólido:** una estructura del sitio bien organizada facilita la creación de flujos de usuario intuitivos.

- **Los flujos de usuario pueden resaltar la necesidad de modificar el mapa del sitio:** si un flujo de usuario es particularmente complejo o confuso, es posible que deba revisar la estructura del sitio.

En resumen:

- **Flujo de usuario:** el recorrido del usuario a través del producto.
- **Mapa del sitio:** La hoja de ruta del producto.

Ambos son esenciales para crear una experiencia de usuario positiva y un sitio web exitoso.

El enfoque de la historia del usuario que utilice es fundamental para garantizar que sus interfaces estén centradas en las necesidades del usuario.

Veamos algunos aspectos importantes del diseño de la página de inicio de sesión:

Aspectos esenciales y consideraciones adicionales:

- **Campos de entrada:**
  - **Nombre de usuario y contraseña:** Asegúrese de que estén claramente etiquetados y tengan un formato apropiado (por ejemplo, longitud mínima, caracteres permitidos).
  - **Recordar contraseña:** proporciona una opción para guardar la contraseña de forma segura (si lo permiten las normas de privacidad).
  - **Autocompletar:** considere habilitar el autocompletado del navegador para facilitar el ingreso de credenciales.
- **Botón de inicio de sesión:**
  - **Texto claro y conciso:** "Iniciar sesión", "Iniciar sesión", "Entrar" son opciones comunes.
  - **Diseño llamativo:** el botón debe captar la atención del usuario y llamar a la acción.
- **Enlace para recuperar contraseña:**
  - **Posición visible:** coloca el enlace de forma que se pueda encontrar fácilmente.
  - **Proceso claro:** defina un flujo claro para la recuperación de contraseña (por ejemplo, enviar un correo electrónico con un enlace de restablecimiento).
- **Enlace de registro:**

- **Claro y conciso:** "Crear una cuenta", "Registrarse", "Registrarse" son opciones comunes.
- **Ubicación estratégica:** considere si colocarlo junto al botón de inicio de sesión o en un área separada de la página.
- **Mensajes de error:**
  - **Claro y conciso:** comunicar claramente al usuario por qué falló el inicio de sesión (por ejemplo, "Nombre de usuario o contraseña incorrectos", "Cuenta no activada").
  - **Ubicación:** Mostrar mensajes de error cerca de los campos afectados.

Consideraciones sobre la experiencia del usuario:

- **Diseño responsivo:** asegúrese de que su página de inicio de sesión se muestre correctamente en todos los dispositivos (computadora de escritorio, tableta, teléfono inteligente).
- **Seguridad:** Implementar las medidas de seguridad necesarias para proteger las credenciales de los usuarios (por ejemplo, cifrado, protección contra ataques de piratería).
- **Accesibilidad:** Diseñe su página para que sea accesible para todos los usuarios, incluidas las personas con discapacidades.
- **Experiencia visual:** Utilice un diseño limpio e intuitivo, con colores y fuentes que transmitan confianza y profesionalismo.

¿Qué son los patrones de diseño?

Los patrones de diseño son soluciones recurrentes y probadas para problemas comunes en la interfaz de usuario. Son como "recetas" que nos permiten crear interfaces intuitivas y consistentes, aprovechando lo que los usuarios ya conocen de otras aplicaciones.

¿Por qué son importantes?

- **Consistencia:** Hacen que la interfaz sea más predecible y familiar para los usuarios, reduciendo la curva de aprendizaje.
- **Eficiencia:** Los usuarios pueden realizar acciones más rápidamente, ya que reconocen elementos e interacciones.
- **Satisfacción:** Una interfaz consistente e intuitiva aumenta la satisfacción del usuario.

Ejemplos de patrones de diseño comunes:

- **Barra de navegación:** una barra horizontal o vertical que contiene enlaces a las secciones principales del sitio.

- **Menú hamburguesa:** Un icono con tres líneas horizontales que, al hacer clic, muestra un menú desplegable.
- **Modal:** Una ventana superpuesta que contiene contenido adicional.
- **Tarjeta:** Un contenedor que presenta información de una manera visualmente atractiva.

La importancia del hábito y los patrones de elección

A la hora de elegir un patrón de diseño debemos tener en cuenta:

- **Contexto:** ¿Cuál es el tipo de aplicación? ¿Quién es el usuario objetivo?
- **Convenciones:** ¿Cuáles son los patrones más comunes en su industria?
- **Objetivos:** ¿Cuáles son los objetivos que queremos lograr con la interfaz?

Un ejemplo: si estamos diseñando una aplicación de comercio electrónico, podríamos optar por utilizar un patrón de navegación con pestañas para organizar las diferentes categorías de productos, ya que es un patrón muy común e intuitivo para los usuarios en este contexto.

Atención:

- **No sigas patrones ciegamente:** Los patrones son una guía, no una regla inflexible. A veces es necesario innovar y crear soluciones personalizadas.
- **Pruebas de usuario:** Es fundamental probar nuestras elecciones con usuarios reales para verificar si los patrones elegidos son realmente efectivos.

En resumen: Los patrones de diseño son una herramienta valiosa para crear interfaces de usuario efectivas e intuitivas. Sin embargo, es importante utilizarlos conscientemente y adaptarlos al contexto específico de nuestro proyecto. Recuerde siempre que el objetivo final es crear una experiencia de usuario positiva y satisfactoria.

¿Por qué inspirarse en los líderes de la industria?

- **Eficiencia:** Evitar reinventar la rueda nos ahorra tiempo y recursos.
- **Confiabilidad:** Los patrones utilizados por estos gigantes han sido sometidos a rigurosas pruebas y han demostrado su eficacia.
- **Familiaridad:** los usuarios están acostumbrados a estas interfaces y se sentirán más cómodos con su producto.

Sin embargo, hay algunas cosas que debemos tener en cuenta antes de copiar a ciegas:

- **Contexto:** Cada negocio tiene un público y un producto específicos. Lo que funciona para Booking.com puede no ser ideal para tu app.

- **Personalización:** Es fundamental adaptar los patrones a tu marca e identidad visual.
- **Innovación:** No tengas miedo de experimentar e introducir nuevos elementos.

¿Cómo inspirarse en los líderes de la industria sin copiar?

1. **Análisis en profundidad:** estudie cuidadosamente las interfaces de sus competidores e intente comprender por qué funcionan.
2. **Identificación de patrones:** Identificar patrones recurrentes y soluciones creativas adoptadas.
3. **Adaptación:** Adapta los patrones a tu contexto e identidad visual.
4. **Prueba:** prueba tus soluciones con los usuarios para ver qué tan efectivas son.

Ejemplos de lo que puede aprender de los líderes de la industria:

- **Diseño:** ¿Cómo se organizan los elementos de la página? ¿Cuáles son las jerarquías visuales?
- **Microcopia:** ¿Qué textos se utilizan para etiquetas, botones y mensajes de error?
- **Retroalimentación:** ¿Cómo se comunican los resultados de las acciones del usuario (por ejemplo, errores, éxitos)?
- **Accesibilidad:** ¿Cómo se gestionan el enfoque, el contraste y otras funciones de accesibilidad?

En conclusión, inspirarse en los líderes de la industria es una práctica común y recomendada. Sin embargo, es fundamental mantener un enfoque crítico y adaptarse al contexto específico del proyecto.

¡Absolutamente correcto!

El proceso de pago de Amazon es un excelente ejemplo de cómo el hábito del usuario, combinado con un diseño iterativo y bien pensado, puede generar una experiencia de usuario excepcional.

¿Por qué inspirarse en Amazon (y otros gigantes de la industria)?

- **Validación del mercado:** Millones de usuarios ya han probado y aprobado estos procesos.
- **Optimización:** Estos procesos se han ido perfeccionando con el tiempo, eliminando cualquier posible fricción.
- **Familiaridad:** Los usuarios esperan encontrar elementos similares en otros productos, lo que hace que la experiencia sea más intuitiva.

Sin embargo, es importante subrayar algunos puntos clave:

- **Contexto específico:** No todos los productos son iguales. Por ejemplo, una app de comercio electrónico para artículos de lujo puede requerir un proceso de pago más sofisticado que una app para comprar productos de uso diario.
- **Personalización:** Es fundamental adaptar los patrones a tu marca e identidad visual. Copiarlos demasiado podría generar una experiencia de usuario inconsistente.
- **Innovación:** No tengas miedo de experimentar e introducir nuevos elementos. El objetivo siempre es mejorar la experiencia del usuario, no simplemente replicar lo que ya existe.

Cómo utilizar patrones de otros productos:

1. **Análisis en profundidad:** estudie en detalle el proceso de pago de Amazon y otros competidores.
2. **Identificación de fortalezas:** ¿Qué hace que estos procesos sean tan efectivos?
3. **Adaptación:** Adapte estos elementos a su contexto, teniendo en cuenta las características de su producto y los objetivos de negocio.
4. **Prueba:** prueba tus soluciones con los usuarios para ver qué tan efectivas son.

Ejemplos de patrones a considerar:

- **Barra de progreso:** muestra al usuario el progreso del proceso de pago.
- **Resumen del pedido:** Permite al usuario revisar los detalles del pedido antes de confirmar la compra.
- **Múltiples opciones de pago:** Ofrece al usuario una amplia gama de métodos de pago.
- **Pago como invitado:** permite al usuario realizar una compra sin crear una cuenta.

En conclusión

Inspirarse en los líderes de la industria es una excelente estrategia para acelerar el proceso de diseño y mejorar la experiencia del usuario. Sin embargo, es fundamental mantener un enfoque crítico y adaptarse al contexto específico del proyecto.

En términos más sencillos, un patrón de diseño es como una receta preparada para resolver un problema recurrente en el diseño de interfaces de usuario. Es una solución de eficacia comprobada que otros diseñadores ya han utilizado con éxito.

¿Por qué utilizar patrones?

- **Eficiencia:** Permite ahorrar tiempo y recursos, evitando reinventar la rueda.
- **Coherencia:** Ayuda a crear interfaces más intuitivas y familiares para los usuarios, ya que se basan en elementos visuales e interacciones que ya conocen.
- **Mejor experiencia de usuario:** Las soluciones preempaquetadas suelen ser el resultado de pruebas y optimizaciones exhaustivas, lo que garantiza una experiencia de usuario más fluida.

Ejemplos de patrones que mencionaste:

- **Barra de pestañas:** perfecta para una navegación sencilla con unas pocas opciones principales.
- **Menú hamburguesa:** Ideal para brindar acceso rápido a una gran cantidad de opciones, sin sobrecargar la interfaz inicial.

Otros ejemplos comunes de patrones:

- **Tarjeta:** Un contenedor que presenta información de una manera visualmente atractiva y fácilmente escaneable.
- **Modal:** una ventana superpuesta que contiene contenido adicional, como un formulario de registro o un mensaje de confirmación.
- **Carrusel:** Una serie de elementos que se desplazan horizontal o verticalmente.
- **Acordeón:** Un contenedor que permite expandir y contraer secciones de contenido.

Cuándo utilizar patrones:

- **Cuando necesitas una solución rápida y efectiva.**
- **Cuando desea crear una interfaz que sea coherente con las expectativas del usuario.**
- **Cuando desea reducir la complejidad del diseño.**

Cuándo no utilizar patrones:

- **Cuando necesita una solución altamente personalizada.**
- **Cuando los patrones existentes no se ajustan a sus necesidades específicas.**

Importante:

- **No te limites a copiar:** Los patrones son un punto de partida, no una regla rígida. Adáptalos a tu contexto e identidad visual.
- **Prueba siempre tus soluciones:** Incluso si utilizas patrones consolidados, es esencial probar tus interfaces con usuarios reales para verificar su eficacia.

En conclusión:

Los patrones de diseño son una herramienta valiosa para todo diseñador. Permiten crear interfaces más eficientes, intuitivas y consistentes. Sin embargo, es importante utilizarlos conscientemente y adaptarlos a cada proyecto específico.

Los patrones de diseño se han convertido en herramientas indispensables para los diseñadores, y plataformas como Pttrns.com son prueba de ello. Ofrecen un tesoro de soluciones preconfiguradas que nos permiten:

- **Ahorra tiempo:** no tenemos que reinventar la rueda cada vez.
- **Aumentar la consistencia:** Nuestras interfaces serán más familiares para los usuarios, teniendo como referencia los estándares de la industria.
- **Mejorar la eficiencia:** los patrones suelen ser el resultado de pruebas y optimizaciones exhaustivas, lo que genera una experiencia de usuario más fluida.

Material Design de Google es otro excelente ejemplo. Ofrece un conjunto completo de directrices y componentes que permite a los diseñadores crear interfaces consistentes y de alta calidad con relativa rapidez.

El wireframe, como bien señalaste, es un verdadero rompecabezas. Debemos considerar:

- **Problemas a resolver:** ¿Cuáles son los objetivos de los usuarios y cómo podemos ayudarles a alcanzarlos?
- **Posibles soluciones:** ¿Qué patrones o componentes pueden ayudarnos a resolver estos problemas?
- **Organización del espacio:** ¿Cómo distribuimos los elementos en la pantalla para crear una interfaz visualmente agradable e intuitiva?
- **Flujo de usuario:** ¿Cómo nos aseguramos de que el usuario pueda moverse sin problemas entre diferentes pantallas?

Un aspecto clave que mencionaste son las historias de usuario. Estas nos ayudan a definir los objetivos del usuario e identificar las acciones que debe realizar. De esta manera, podemos crear wireframes que se ajusten perfectamente a sus necesidades.

En resumen, un buen proceso de diseño debe incluir:

1. **Definición de historias de usuario:** comprender lo que los usuarios quieren hacer.
2. **Búsqueda de patrones:** identifique los patrones que mejor resuelvan los problemas que ha identificado.
3. **Creación de wireframes:** organiza los elementos en la pantalla de forma clara e intuitiva.

4. **Pruebas de usuario:** verificar que la interfaz sea fácil de usar y satisfaga las necesidades del usuario.

Un consejo:

No te limites a copiar patrones. Úsalos como punto de partida y adáptalos a tu contexto específico. Cada proyecto tiene sus propias peculiaridades y requiere soluciones personalizadas.

Es fundamental considerar los hábitos del usuario y las directrices del sistema operativo al diseñar una interfaz de usuario. Ignorar estos aspectos implicaría crear una experiencia de usuario fragmentada y potencialmente frustrante.

¿Por qué es tan importante seguir las pautas del sistema operativo?

- **Coherencia:** Los usuarios están acostumbrados a ciertas interacciones y expectativas dentro de un sistema operativo específico. Seguir las directrices garantiza una experiencia coherente con lo que el usuario ya conoce.
- **Facilidad de uso:** Las pautas proporcionan un conjunto de patrones y componentes ya probados y optimizados, que hacen que la aplicación sea más fácil de usar y aprender.
- **Aceptación:** Una aplicación que cumple con las pautas del sistema operativo es percibida por los usuarios como más profesional y confiable.

El caso de Android y iOS:

Como usted bien ha señalado, Android e iOS tienen directrices muy diferentes.

- **Material Design:** enfatiza la importancia de la profundidad, las sombras y las transiciones, creando una interfaz visualmente atractiva y tridimensional.
- **Pautas de interfaz humana:** enfatizar la simplicidad, la claridad y la elegancia, con un diseño más plano y minimalista.

Un ejemplo concreto:

El botón de acción flotante (FAB) es un excelente ejemplo de las diferencias entre ambos sistemas operativos. Mientras que Android lo promueve como elemento clave de la interfaz, iOS tiende a preferir soluciones más integradas y menos intrusivas.

¿Qué significa esto para los diseñadores?

- **Investigación:** Antes de comenzar a diseñar, es esencial estudiar en profundidad las pautas del sistema operativo de destino.
- **Adaptación:** Los patrones y componentes deben adaptarse al contexto específico de la aplicación y a la identidad visual de la marca.
- **Pruebas:** Es esencial probar la interfaz con usuarios reales para garantizar

que sea intuitiva y fácil de usar.

En conclusión:

Seguir las directrices del sistema operativo no implica renunciar a la creatividad. Al contrario, permite centrarse en los aspectos más importantes de la experiencia del usuario, como la funcionalidad y la usabilidad.

¡Excelentes puntos! Has tocado algunos puntos clave que a menudo se pasan por alto en el mundo del diseño digital.

La importancia de la UI en el panorama actual:

Tienes razón al señalar que la interfaz de usuario no es solo un "vestimento" para un producto digital, sino un elemento crucial para su éxito. Una interfaz bien diseñada:

- **Aumente la participación:** una interfaz de usuario atractiva e intuitiva anima a los usuarios a interactuar con su producto.
- **Fortalece la marca:** ayuda a crear una identidad visual fuerte y consistente con los valores de la marca.
- **Diferencia tu producto:** en un mercado saturado, una interfaz de usuario bien diseñada puede marcar la diferencia.
- **Mejorar la experiencia del usuario:** una interfaz bien estructurada y agradable de usar aumenta la satisfacción del usuario.

El papel de los patrones y puntos de referencia:

Para diseñar una interfaz de usuario eficaz, es fundamental conocer y utilizar los patrones de diseño existentes. Estos patrones representan soluciones probadas a problemas recurrentes y pueden ser un excelente punto de partida para crear nuevas interfaces.

¿Por qué utilizar patrones?

- **Eficiencia:** Ahorras tiempo y recursos al evitar reinventar la rueda.
- **Coherencia:** crear interfaces más intuitivas y familiares para los usuarios.
- **Mejor usabilidad:** los patrones a menudo son el resultado de pruebas y optimización exhaustivas.

Cómo utilizar patrones:

- **Análisis:** Estudiar cuidadosamente los patrones existentes y comprender los principios detrás de ellos.
- **Adaptación:** Adapte los patrones a su contexto específico y a la identidad visual de su producto.
- **Innovación:** No tengas miedo de experimentar e introducir nuevos elementos.

Ejemplos de patrones populares:

- **Barra de navegación:** una barra de navegación horizontal o vertical.
- **Menú hamburguesa:** Un icono con tres líneas horizontales que oculta un menú.
- **Tarjeta:** Un contenedor que presenta información de una manera visualmente atractiva.
- **Modal:** Una ventana superpuesta que contiene contenido adicional.

La importancia de las tendencias:

Las tendencias en diseño digital influyen considerablemente en las decisiones de los usuarios. Es importante estar atento a ellas para crear interfaces actuales y atractivas. Sin embargo, es fundamental no seguir las tendencias ciegamente, sino interpretarlas y adaptarlas al contexto.

Consejos prácticos:

- **Estudie a sus competidores:** analice las interfaces de usuario de los principales competidores de su industria para identificar las tendencias y patrones más populares.
- **Utilice herramientas de diseño:** existen numerosas herramientas que ofrecen una amplia gama de patrones y componentes prediseñados.
- **Pon a prueba tus soluciones:** prueba tus interfaces con los usuarios para verificar su eficacia.

En conclusión:

El diseño de interfaz de usuario (UI) es un proceso complejo que requiere una combinación de creatividad, conocimiento de los principios de diseño y capacidad de adaptación a las tendencias del mercado. Partiendo de patrones existentes y teniendo siempre presentes las necesidades de los usuarios, es posible crear interfaces estéticamente atractivas y altamente funcionales.

Análisis y perspectivas del color

Para abordar la elección de colores, iconos y fuentes en el diseño de una interfaz de usuario:

Elección de colores

- **Psicología del color:** Cada color evoca emociones y sensaciones diferentes. Es fundamental elegir los colores según el mensaje que se desea transmitir y el público objetivo.
- **Accesibilidad:** asegúrese de que la combinación de colores que elija proporcione un buen contraste y sea legible para personas con diferentes tipos de visión.
- **Contexto cultural:** El significado de los colores puede variar según la

cultura. Es importante tener esto en cuenta, especialmente al diseñar para un público internacional.

Creación de paletas de colores

- **Adobe Color CC:** Esta herramienta es muy útil para crear paletas armoniosas y coherentes. Además de generar paletas a partir de un color base, permite explorar diferentes combinaciones y guardarlas para usarlas en el futuro.
- **Coolors:** Otra gran alternativa a Adobe Color CC, con una interfaz intuitiva y características similares.

Elección de iconos

- **Consistencia estilística:** Los iconos deben ser coherentes con el estilo visual de toda la interfaz. Es importante elegir iconos con el mismo grosor de línea, paleta de colores y nivel de detalle.
- **Significado claro:** los íconos deben ser fácilmente comprensibles y comunicar claramente su significado.
- **Escalabilidad:** Los íconos deben ser escalables sin perder calidad, para garantizar una visualización óptima en diferentes tamaños de pantalla.

Elección de fuente

- **Legibilidad:** La fuente elegida debe ser fácilmente legible, incluso en pantallas pequeñas.
- **Personalidad:** La tipografía ayuda a definir la personalidad de la marca. Es importante elegir una fuente coherente con los valores y la imagen de la marca.
- **Combinaciones:** Al utilizar dos fuentes, es importante que se complementen y no entren en conflicto entre sí.

Consideraciones adicionales

- **Pruebas de usuario:** La elección de colores, iconos y fuentes debe validarse mediante pruebas de usuario. Solo así es posible verificar si las elecciones realizadas son efectivas y si la interfaz es intuitiva y agradable de usar.
- **Tendencias:** Es importante seguir las tendencias de diseño, pero sin perder de vista la singularidad de tu producto.

Consejos prácticos:

- **Crear una guía de estilo:** una guía de estilo define los principios de diseño que deben seguirse durante todo el proceso de desarrollo.

- **Utilice un sistema de diseño:** un sistema de diseño es un conjunto de componentes reutilizables que le permiten crear interfaces consistentes y escalables.
- **Trabaje con un diseñador:** un diseñador profesional puede ayudarle a crear una interfaz visualmente atractiva y funcional.

Respondiendo a la pregunta "¿Cuántos colores debo usar?", cabe añadir que la elección del número de colores también depende de la complejidad de la interfaz. Para interfaces sencillas, una paleta limitada puede ser suficiente, mientras que para interfaces más complejas, se podrían necesitar más colores para diferenciar las distintas secciones.

En conclusión, la elección de colores, iconos y tipografías es fundamental en el diseño de una interfaz de usuario. Tomar decisiones informadas, basadas en principios de diseño, puede marcar la diferencia entre una interfaz eficaz y una olvidable.

Análisis en profundidad: La dirección de arte y su naturaleza subjetiva

¿Por qué la dirección de arte es una pendiente tan resbaladiza?

- **Subjetividad de las emociones:** Las emociones son experiencias individuales y únicas. Lo que a una persona le gusta puede no gustarle a otra.
- **Influencias culturales y personales:** El gusto estético está fuertemente influenciado por la cultura, las experiencias personales y las tendencias actuales.
- **Falta de métricas precisas:** a diferencia de UX, donde es posible medir la efectividad de una interfaz a través de métricas como la tasa de conversión o el tiempo de finalización de tareas, la dirección de arte es más difícil de cuantificar.
- **Evolución de los gustos:** Las tendencias estéticas cambian constantemente, por lo que es difícil crear diseños que se mantengan siempre actuales.

El desafío de la dirección de arte:

- **Comunicar los valores de la marca:** La interfaz gráfica debe transmitir de forma clara y consistente los valores y la personalidad de la marca.
- **Crear una experiencia emocional:** La interfaz debe evocar emociones positivas en el usuario y crear una conexión emocional con el producto.
- **Adaptarse a las tendencias:** La dirección de arte debe estar en línea con las tendencias actuales, sin sacrificar la originalidad.
- **Satisfacer las expectativas del cliente:** es importante encontrar un

equilibrio entre las preferencias del cliente y las necesidades del usuario final.

Cómo afrontar este desafío:

- **Investigación:** Estudiar las tendencias de diseño, analizar la competencia y comprender las preferencias del público objetivo.
- **Colaboración:** Involucrar al cliente en el proceso de toma de decisiones desde las primeras etapas del proyecto.
- **Pruebas:** Pruebe la interfaz con los usuarios para recopilar comentarios y evaluar la efectividad de las elecciones estéticas.
- **Iteración:** Estar dispuesto a modificar y refinar el diseño en función de los comentarios recibidos.

En conclusión, la dirección de arte es un arte que requiere sensibilidad, creatividad y adaptabilidad. No existe una fórmula mágica para crear un diseño perfecto, pero siguiendo estos consejos puedes aumentar tus posibilidades de éxito.

Análisis y reflexiones sobre la presentación de la obra

El sexto punto destaca la importancia crucial de la presentación final de un proyecto de diseño. Es en esta etapa donde se destaca el trabajo realizado y el cliente (o el equipo) queda convencido de la validez de las decisiones de diseño.

Puntos clave de la presentación:

- **Claridad:** Cada aspecto del proyecto debe explicarse de forma sencilla y directa, evitando tecnicismos excesivos.
- **Coherencia:** Es esencial demostrar cómo cada elección de diseño se realizó de manera consciente y coherente con los objetivos iniciales.
- **Narración:** La presentación debe ser una narrativa atractiva que guíe al oyente a través del proceso creativo.
- **Empezar desde lo básico:** empezar desde la fase de investigación y análisis, mostrando las razones que llevaron a las soluciones adoptadas.
- **Visualización:** uso de imágenes, diagramas y prototipos para facilitar la comprensión de conceptos abstractos.

Cómo estructurar una presentación efectiva:

1. **Introducción:**
   - **Contexto:** Introduzca brevemente el proyecto y su objetivo.
   - **Público objetivo:** Describe el perfil de usuarios al que va dirigido el producto.
   - **Problema a resolver:** Explique el problema que el proyecto pretende resolver.

2. **Proceso creativo:**
   - **Investigación:** Mostrar resultados de investigación (entrevistas, análisis de la competencia, etc.).
   - **Historia del usuario:** Presentar historias de usuario que definan las necesidades del usuario.
   - **Wireframes y flujos:** ilustran la arquitectura de la información y el recorrido del usuario.
   - **Estilo visual:** Presentar la paleta de colores, tipografías e iconos elegidos, explicando las razones.
   - **Prototipo:** Mostrar un prototipo interactivo para comprender la experiencia del usuario.
3. **Conclusiones:**
   - **Resumir los puntos clave:** Resumir los principales resultados del proyecto.
   - **Próximos pasos:** Indica los próximos pasos a seguir.

Consejos adicionales:

- **Adapte su presentación a su audiencia:** el lenguaje y el nivel de detalle deben ser apropiados para su audiencia.
- **Utilice herramientas visuales eficaces:** imágenes, gráficos y animaciones pueden hacer que su presentación sea más atractiva.
- **Práctica:** Ensaya tu presentación varias veces para asegurarte de que habla con fluidez y no te excedes del tiempo previsto.
- **Esté preparado para responder preguntas:** anticipe posibles preguntas y prepare respuestas claras y concisas.

En conclusión, una presentación eficaz es esencial para obtener la aprobación del cliente y asegurar el éxito del proyecto. Siguiendo estos consejos, podrá comunicar sus ideas de forma clara y convincente y lograr excelentes resultados.

Análisis y reflexiones: Las protopersonas como herramienta de comunicación

El punto planteado es sumamente interesante y aborda un aspecto crucial del diseño: la capacidad de adaptar las herramientas disponibles a diferentes situaciones. La introducción de **Proto-Personas** representa una solución creativa para abordar la falta de datos cuantitativos y ofrecer al cliente una representación más concreta del público objetivo.

¿Por qué son útiles las Proto-Personas en las presentaciones?

- **Haga que su público objetivo sea más tangible:** dar un nombre, un rostro y una historia a un segmento de usuarios ayuda a su cliente a visualizar y comprender mejor con quién está hablando.

- **Apoyando las decisiones de diseño:** Las proto-personas se pueden utilizar para justificar decisiones de diseño mostrando cómo las soluciones adoptadas responden a las necesidades específicas de cada segmento de usuarios.
- **Facilitar la comunicación:** Las Proto-Personas crean un lenguaje común entre el equipo de diseño y el cliente, facilitando la comunicación y el entendimiento mutuo.

Cómo crear proto-personajes efectivos:

- **Aprovechar los datos existentes:** incluso si no dispone de datos cuantitativos, es importante aprovechar la información cualitativa recopilada durante la fase de investigación.
- **Sea específico:** Las protopersonas deben ser detalladas y realistas. Evite descripciones genéricas y estereotipos.
- **Involucrar al cliente:** Involucrar al cliente en la creación de Proto-Personas puede ayudar a fortalecer el sentido de propiedad sobre el proyecto.
- **Utilice un lenguaje sencillo:** evite los tecnicismos y utilice un lenguaje claro que todos puedan entender.

Ejemplo de Proto-Persona:

Nombre: Giovanni Meneghello. **Foto:** Imagen de un hombre de mediana edad, vestido con un traje elegante y con una expresión concentrada. **Cita:** «Necesito herramientas fiables e intuitivas para gestionar bien mi tiempo». **Tipo de persona:** Gerente de nivel medio. **Biografía:** Giovanni es un gerente muy ocupado que busca constantemente optimizar procesos y aumentar la productividad de su equipo.

- **Objetivos:** Aumentar la eficiencia, tomar decisiones informadas, mejorar la comunicación con el equipo.
- **Necesidades:** Necesita una aplicación que le permita organizar sus tareas, realizar un seguimiento de proyectos y colaborar con sus colegas.

Limitaciones de las protopersonas:

- **Falta de validez:** Las Proto-Personas no se basan en datos reales y pueden ser subjetivas.
- **Riesgo de estereotipos:** si no se elaboran con cuidado, las protopersonas pueden reforzar estereotipos y prejuicios.

Conclusiones:

Las protopersonas son una herramienta útil para comunicar las decisiones de diseño y hacer que el proyecto sea más comprensible para el cliente. Sin embargo, es importante usarlas con precaución y combinarlas con otras herramientas de investigación para obtener una visión más completa del objetivo.

Las protopersonas, si se usan estratégicamente, pueden convertirse en un auténtico factor impredecible en nuestras presentaciones. He aquí por qué:

- **Alineación del equipo:** Como bien señalas, las Proto-Personas son una herramienta excelente para unificar la visión del equipo al inicio del proyecto. Todos los miembros tendrán una comprensión compartida de las necesidades de los usuarios y trabajarán hacia un objetivo común.
- **Validación del cliente:** Al presentar las Proto-Personas al cliente, demuestra un enfoque profesional y centrado en el usuario. Da la impresión de haber realizado un análisis exhaustivo y de haber basado el proyecto en las necesidades reales del público objetivo.
- **Justificación de las decisiones:** Las protopersonas proporcionan una base sólida para justificar cada decisión de diseño. Por ejemplo, si decide incluir una característica, puede explicar que se insertó específicamente para satisfacer las necesidades de John Meneghello, el gerente que necesita organizar su tiempo eficientemente.
- **Comunicación eficaz:** Las protopersonas hacen que la comunicación sea más efectiva y atractiva. Asignar un nombre, un rostro y una historia a un usuario típico ayuda a crear un vínculo emocional con el cliente y a involucrarlo en el proyecto.

Un consejo más:

Para hacer que las Proto-Personas sean aún más persuasivas, puedes:

- **Visualiza:** Crea tarjetas reales con fotos, citas y detalles sobre los hábitos y objetivos de tus Proto-Personas.
- **Úsalos en wireframes:** incluye tus Proto-Personas en wireframes para mostrar cómo las diferentes características se adaptan a sus necesidades.
- **Contar historias:** utilice protopersonas para crear pequeñas historias que ilustren cómo interactúan con el producto.

En conclusión, las Proto-Personas son una herramienta versátil y potente que puede utilizarse en diferentes etapas del proceso de diseño, desde la definición del objetivo hasta la presentación del proyecto final.

Análisis de las pruebas A/B y sus beneficios

¡Excelente punto sobre las pruebas A/B! Resumiste a la perfección el concepto y sus aplicaciones prácticas en el mundo del diseño y el marketing digital.

¿Por qué es tan importante la prueba A/B?

- **Basado en datos:** elimine las conjeturas y las opiniones personales basando las decisiones en datos concretos y mensurables.
- **Optimización continua:** Permite mejorar constantemente tus productos y campañas, aumentando la efectividad en el tiempo.
- **Resolución de conflictos:** como usted señaló, esta es una gran herramienta para resolver desacuerdos dentro del equipo al proporcionar datos objetivos para respaldar una elección sobre otra.
- **Flexibilidad:** Se puede aplicar a cualquier elemento de una interfaz o campaña, desde la página de inicio hasta un solo botón.

Cómo aprovechar al máximo las pruebas A/B:

- **Definición clara de objetivos:** Antes de iniciar un test, es fundamental establecer claramente qué se quiere medir (click-through rate, tiempo de permanencia, conversiones, etc.).
- **Variar sólo una variable por prueba:** para aislar el impacto de cada cambio, es mejor cambiar sólo una variable a la vez.
- **Muestra de usuarios suficientemente grande:** una muestra demasiado pequeña puede dar lugar a resultados no significativos.
- **Tiempo de prueba adecuado:** la duración de la prueba depende de la variable que esté probando y del volumen de tráfico del sitio.
- **Análisis de Resultados:** Una vez finalizada la prueba, es fundamental analizar los datos recogidos y extraer conclusiones precisas.

La importancia de herramientas como Helio:

Herramientas como Helio simplifican enormemente el proceso de pruebas A/B, haciéndolo accesible incluso para quienes no tienen conocimientos técnicos avanzados. Con estas herramientas, puedes:

- **Cree variaciones rápidamente:** cambie gráficos, textos y diseños con solo unos pocos clics.
- **Segmentar tráfico:** muestra diferentes variaciones para segmentos específicos de usuarios.
- **Monitorea los resultados en tiempo real:** visualiza los datos y el rendimiento de diferentes variantes.

Un consejo más:

No te limites a probar imágenes. Las pruebas A/B también pueden usarse para:

- **Optimice el contenido:** pruebe diferentes títulos, descripciones y llamadas a la acción.

- **Mejorar la estructura de una página:** experimente con diferentes diseños y posiciones de elementos.
- **Personalice la experiencia del usuario:** ofrezca contenido personalizado según el comportamiento del usuario.

En conclusión, las pruebas A/B son un arma muy poderosa para optimizar cualquier tipo de producto digital. Al combinar creatividad y datos, es posible crear experiencias de usuario cada vez más atractivas y efectivas.

Análisis de las pruebas de usabilidad y sus beneficios

¿Por qué son tan importantes las pruebas de usabilidad?

- **Validar hipótesis:** Nos permite verificar si nuestras intuiciones sobre la experiencia del usuario son correctas e identificar problemas potenciales antes de que se vuelvan críticos.
- **Reduce costos:** al identificar y solucionar problemas durante la fase de creación de prototipos, evita los altos costos asociados con los rediseños y correcciones en etapas posteriores.
- **Mejorar la experiencia del usuario:** garantizar que su producto sea fácil de usar y satisfaga las necesidades del usuario aumenta la satisfacción y la lealtad.
- **Aumente la credibilidad:** al presentar los resultados de pruebas de usabilidad, demuestra un enfoque profesional y centrado en el usuario.

Cómo realizar una prueba de usabilidad eficaz:

- **Definir objetivos:** establecer claramente qué aspectos del producto quieres probar.
- **Crear un prototipo:** Crea un prototipo que sea fiel a la interfaz final, utilizando herramientas como Figma o InVision.
- **Reclutar participantes:** seleccione usuarios que sean representativos de su público objetivo.
- **Preparar tareas:** Definir las actividades que los participantes deberán realizar.
- **Observar y recopilar datos:** observar a los participantes mientras interactúan con el prototipo, registrando sus acciones y comentarios.
- **Analizar los resultados:** Identificar las fortalezas y debilidades del producto, señalando áreas de mejora.

Pruebas de usabilidad como herramienta de ventas:

Como bien señaló, los resultados de las pruebas de usabilidad pueden utilizarse para reforzar la credibilidad del proyecto y convencer al cliente de la eficacia de las soluciones adoptadas. Al presentar datos concretos y testimonios de usuarios reales, se demuestra que las decisiones de diseño se tomaron de forma consciente y con base en evidencia empírica.

Un consejo más:

Para obtener resultados aún más significativos, puede integrar las pruebas de usabilidad con otras técnicas de investigación, como cuestionarios y entrevistas. De esta manera, puede recopilar más información y obtener una visión más completa de la experiencia del usuario.

Por qué a menudo se pasa por alto la investigación de usuarios y cómo solucionarlo

La investigación de usuarios a menudo se pasa por alto o incluso se omite. Esto sucede por varias razones:

- **Tiempo y costo:** como mencionaste, la investigación de usuarios puede requerir una inversión significativa de tiempo y recursos.
- **Presión para entregar rápidamente:** los plazos de los proyectos suelen ser muy ajustados y la investigación puede parecer un lujo que no puede permitirse.
- **Confía en tus propias intuiciones:** A veces, los diseñadores o gerentes de producto creen que ya conocen bien las necesidades de los usuarios y subestiman la importancia de validar sus hipótesis.
- **Dificultad para reclutar participantes:** encontrar los participantes adecuados para la investigación puede ser difícil y llevar mucho tiempo.

¿Por qué es un error no realizar investigación de usuarios?

- **Diseños basados en suposiciones:** sin una base de datos sólida, los diseños corren el riesgo de basarse en suposiciones y sesgos, en lugar de en las necesidades reales de los usuarios.
- **Productos inutilizables:** Un producto que no está diseñado teniendo en cuenta las necesidades del usuario será difícil de usar y tendrá menos éxito.
- **Desperdicio de recursos:** si un producto no funciona, se corre el riesgo de perder tiempo, dinero y recursos.

¿Cómo convencer a clientes y colegas para que inviertan en investigación de usuarios?

- **Mostrar valor:** explique claramente cómo la investigación de usuarios puede conducir a resultados tangibles, como mayor satisfacción del usuario, reducción de costos y mejores conversiones.

- **Proponer soluciones prácticas:** ofrecer soluciones prácticas para realizar investigaciones de manera eficiente, por ejemplo, utilizando herramientas en línea o involucrando a los usuarios de formas creativas.
- **Comience con algo pequeño:** si el cliente se muestra reacio a invertir en un esfuerzo de investigación a gran escala, puede comenzar con una actividad de investigación más pequeña, como una entrevista o una encuesta en línea.
- **Involucrar al cliente:** involucrar al cliente en el proceso de investigación puede hacerlo más consciente de la importancia de comprender las necesidades del usuario.

¿Cómo hacer más efectiva la investigación de usuarios?

- **Define claramente tus objetivos:** antes de comenzar tu investigación, es fundamental definir qué preguntas quieres responder.
- **Elección de la metodología adecuada:** Dependiendo de los objetivos se pueden utilizar diferentes metodologías como entrevistas, focus groups, tests de usabilidad, etc.
- **Analizar los datos rigurosamente:** los datos recopilados deben analizarse rigurosamente para extraer conclusiones significativas.
- **Iterar el proceso:** La investigación de usuarios es un proceso iterativo. Los resultados de una investigación pueden generar nuevas preguntas y mayor comprensión.

En conclusión , la investigación de usuarios es una inversión fundamental para garantizar el éxito de un producto. Si bien puede requerir tiempo y recursos, los beneficios a largo plazo superan con creces los costos iniciales.

La entrevista es una herramienta fundamental en la investigación de usuarios y puede proporcionar información valiosa para comprender mejor sus necesidades y comportamientos. Aquí tienes una guía detallada sobre cómo realizar una entrevista eficaz:

1. Define tus objetivos:

- **¿Qué quieres averiguar?** ¿Qué información buscas? ¿Qué preguntas quieres responder?
- **¿A quién quieres entrevistar?** ¿Quién es tu público objetivo? ¿Qué características deben tener los participantes?

2. Preparar una pista:

- **Preguntas abiertas:** comience con preguntas generales para que el entrevistado se sienta cómodo y anímelo a hablar.
- **Preguntas específicas:** Profundice en los temas que le interesan con

preguntas más directas y específicas.

- **Preguntas de embudo:** comience con preguntas generales y luego entre en detalles.
- **Preguntas de seguimiento:** Esté preparado para hacer preguntas de seguimiento basadas en las respuestas del entrevistado.

3. Elige el lugar y la hora:

- **Ambiente confortable:** Elija un lugar tranquilo y libre de distracciones.
- **Horario conveniente:** Respete el tiempo del entrevistado y elija un horario que sea conveniente para ambos.

4. Grabar la entrevista:

- **Pedir permiso:** Informar al entrevistado que se va a grabar la entrevista y solicitar su consentimiento.
- **Tome notas:** incluso si graba la entrevista, tome notas para resaltar los puntos clave.

5. Realizar la entrevista:

- **Cree un ambiente relajado:** comience con una breve introducción y haga que el entrevistado se sienta cómodo.
- **Escuche activamente:** concéntrese en lo que dice el entrevistado y evite interrumpir.
- **Haga preguntas abiertas:** anime al entrevistado a expresar sus opiniones y sentimientos.
- **Utilice el lenguaje corporal:** su lenguaje corporal puede influir en las respuestas del entrevistado.

6. Analizar los datos:

- **Transcribir entrevistas:** transcriba entrevistas o utilice herramientas de transcripción automática.
- **Identifique temas recurrentes:** busque patrones y temas comunes en las respuestas de los entrevistados.
- **Crear resúmenes:** resuma los puntos clave de cada entrevista.
- **Utilice datos para fundamentar su diseño:** utilice la información que recopile para mejorar su producto o servicio.

Consejos adicionales:

- **Práctica:** Cuanto más entrevistas hagas, más cómodo te sentirás.
- **Sea flexible:** esté preparado para adaptar su esquema en función de las respuestas del entrevistado.
- **Sea empático:** póngase en el lugar del entrevistado e intente comprender su punto de vista.

- **Tenga en cuenta los sesgos:** sea consciente de sus sesgos y trate de evitarlos al analizar datos.

Ejemplos de preguntas abiertas:

- ¿Cómo te sientes al utilizar este producto?
- ¿Cuales son las principales dificultades que encuentras?
- ¿Qué es lo que más y lo que menos te gusta de este producto?
- ¿Cómo imaginas que se podría mejorar este producto?

Herramientas útiles:

- **Zoom:** Para realizar entrevistas en línea.
- **Nutria:** Para transcribir entrevistas.
- **Miro:** Colaborar y tomar notas mientras analizamos datos.

Recuerda: El objetivo de la entrevista es comprender a fondo a los usuarios y sus necesidades. Sé curioso, receptivo y dispuesto a escuchar lo que tienen que decir.

¿Para qué sirven las Personas?

Las personas son representaciones ficticias de segmentos específicos de usuarios, creadas para ayudar a diseñadores, gerentes de producto y profesionales del marketing a comprender mejor las necesidades, comportamientos y motivaciones de sus usuarios. En esencia, **son** "avatares" que encarnan las características y objetivos de un grupo de personas.

¿Por qué son tan importantes?

- **Enfoque:** Ayudan a concentrar los esfuerzos de diseño en un grupo específico de usuarios, evitando desperdiciar recursos en soluciones genéricas.
- **Empatía:** Fomentan la empatía con los usuarios, ayudando a tomar decisiones de diseño realmente centradas en sus necesidades.
- **Comunicación:** Facilitan la comunicación dentro del equipo y con los clientes, proporcionando un lenguaje común para hablar de los usuarios.
- **Validación de ideas:** permite validar ideas de diseño antes de implementarlas, evitando errores costosos.

Los diferentes tipos de personas

Existen diferentes tipos de Personas, dependiendo del nivel de detalle y la finalidad para la que se utilizan:

- **Personas Primarias:** Representan el segmento de usuarios más importante para el producto o servicio.

- **Personas secundarias:** representan segmentos de usuarios más pequeños o menos importantes, pero que aún así vale la pena considerar.
- **Personas Negativas:** Representan usuarios que no queremos atraer o que podrían causar problemas.
- **Personas de escenario:** se crean para escenarios de uso específicos y le ayudan a comprender cómo interactúan los usuarios con su producto en situaciones particulares.

Cómo crear personas

La creación de Personas requiere una combinación de investigación cualitativa y cuantitativa. Estos son los pasos principales:

1. **Investigación:**
   - **Entrevistas:** Hable con los usuarios para comprender sus necesidades, frustraciones y objetivos.
   - **Análisis de datos:** Analice los datos recopilados de entrevistas, encuestas y registros de uso.
   - **Observación:** Observar a los usuarios en su entorno natural para comprender cómo interactúan con productos similares.

2. **Definición de segmento:**
   - **Segmentar usuarios:** dividir a los usuarios en grupos homogéneos en función de características comunes, como edad, género, intereses y comportamientos.

3. **Creación de Personas:**
   - **Dar un nombre y una imagen:** Darle a la Persona un nombre y una imagen para hacerlo más concreto.
   - **Describe los datos demográficos:** indica edad, género, ocupación, nivel educativo, etc.
   - **Describir los objetivos:** Definir los principales objetivos que la Persona quiere alcanzar.
   - **Describir comportamientos:** describe cómo se comporta la persona en línea y fuera de línea.
   - **Describe las razones:** Explica por qué la Persona se comporta de determinada manera.
   - **Describir frustraciones:** Enumere las principales frustraciones que enfrenta la Persona.
   - **Citar una oración:** Escribe una oración que resuma la personalidad de la Persona.

4. **Validar Personas:**
   - **Comparte Personas con tu equipo:** pide comentarios a tus colegas

para asegurarte de que tus Personas sean realistas y representativas.

- **Utilice Personas en Proyectos:** Utilice Personas para tomar decisiones de diseño y evaluar la efectividad de las soluciones propuestas.

Ejemplos de preguntas de entrevista:

- ¿Qué te impulsa a utilizar este tipo de productos?
- ¿Cuáles son sus principales frustraciones al utilizar este tipo de productos?
- ¿Cuáles son las características más importantes que buscas en un producto de este tipo?
- ¿Cómo imaginas que se podría mejorar este producto?

Herramientas útiles:

- **Hojas de cálculo:** para organizar los datos recopilados.
- **Software de creación de personas:** existen numerosos programas de software que facilitan la creación y gestión de personas.
- **Tarjetas de personajes:** para mostrar Personas de formas creativas.

Recuerda: Las Personas son una herramienta viva y deben actualizarse periódicamente en función de la evolución del mercado y del comportamiento de los usuarios.

El recorrido del cliente en la práctica: potencial e integración

¿Qué es un Customer Journey?

El **Customer Journey** es una representación visual del recorrido que sigue un cliente desde que percibe una necesidad hasta la compra de un producto o servicio, y más allá. Es un mapa que traza todos los puntos de contacto que el cliente tiene con una empresa durante este recorrido.

El potencial del recorrido del cliente

El Customer Journey ofrece una amplia gama de beneficios para las empresas:

- **Comprenda profundamente a sus clientes:** identifique sus necesidades, expectativas y comportamientos en cada etapa de su recorrido.
- **Mejorar la experiencia del cliente:** Permite identificar puntos débiles en el recorrido del cliente y optimizar la experiencia del cliente, haciéndola más fluida y satisfactoria.
- **Aumentar las conversiones:** ayuda a identificar oportunidades de conversión y optimizar las estrategias de marketing y ventas.
- **Aumentar la fidelización:** Permite construir relaciones duraderas con los

clientes, ofreciendo una experiencia personalizada y satisfactoria.

- **Optimizar recursos:** permite asignar recursos de forma más efectiva, centrándose en las actividades que tienen el mayor impacto en el recorrido del cliente.
- **Predecir comportamientos:** ayuda a predecir comportamientos futuros de los clientes y anticipar sus necesidades.

Cómo integrar el recorrido del cliente en su estrategia

La integración del recorrido del cliente requiere un enfoque holístico y la colaboración entre los diferentes equipos de la empresa. Estos son algunos pasos clave:

1. **Mapeando el viaje:**

   - **Identificar puntos de contacto:** Todos los puntos de contacto entre el cliente y la empresa (sitio web, redes sociales, correo electrónico, tienda física, etc.).
   - **Define las fases:** divide el recorrido en fases (conciencia, consideración, compra, post-compra, fidelización).
   - **Analizar las emociones:** comprender las emociones que siente el cliente en cada etapa.
   - **Identificar los puntos críticos:** identificar los puntos de fricción y las dificultades que encuentra el cliente.

2. **Recopilar datos:**

   - **Análisis de datos existentes:** utilizar datos de diferentes fuentes (analítica web, CRM, encuestas, etc.).
   - **Investigación cualitativa:** realizar entrevistas, grupos focales o pruebas de usabilidad para obtener información sobre las percepciones y opiniones de los clientes.

3. **Crea un mapa del recorrido del cliente:**

   - **Visualice el recorrido:** utilice herramientas como diagramas de flujo o mapas mentales para representar visualmente el recorrido del cliente.
   - **Personaliza el mapa:** Adapta el mapa a las necesidades específicas de la empresa y del producto/servicio.

4. **Optimizar la ruta:**

   - **Eliminar los puntos débiles:** identificar y resolver los problemas que obstaculizan la experiencia del cliente.
   - **Personalice la experiencia:** ofrezca experiencias personalizadas según las necesidades y los comportamientos de los clientes.
   - **Optimizar los puntos de contacto:** mejorar la eficacia de cada

punto de contacto.

5. **Medir los resultados:**

- **Definir KPI:** Identificar indicadores clave de rendimiento (KPI) para medir la eficacia de las acciones tomadas.
- **Supervisar resultados:** utilice herramientas de análisis para supervisar el rendimiento y realizar ajustes si es necesario.

Ejemplos de integración del recorrido del cliente

- **Comercio electrónico:** personalice las recomendaciones de productos en función de su historial de navegación y compras anteriores.
- **Servicio al cliente:** Ofrecer soporte al cliente proactivo y multicanal.
- **Marketing:** cree campañas de marketing específicas según la etapa del recorrido del cliente.

Herramientas útiles

- **Software CRM:** Para gestionar las relaciones con los clientes y recopilar datos.
- **Herramientas de analítica web:** Para analizar el comportamiento del usuario en el sitio web.
- **Software de mapeo del recorrido del cliente:** para crear y visualizar mapas del recorrido del cliente.

En conclusión , el Customer Journey es una herramienta fundamental para comprender plenamente a sus clientes y ofrecer una experiencia de compra cada vez más personalizada y satisfactoria. Al invertir en un análisis preciso del customer journey, las empresas pueden mejorar su rendimiento y obtener una ventaja competitiva.

Análisis de la competencia: definición del perfil e integración en la estrategia

El análisis de la competencia es un proceso fundamental para cualquier empresa que desee mantener una posición competitiva en el mercado. Consiste en identificar y evaluar a sus competidores directos e indirectos para identificar sus estrategias, fortalezas y debilidades, y oportunidades de diferenciación.

Definición de un perfil de competidor

Para crear un perfil completo de un competidor, es necesario analizar varios aspectos:

- **Productos y servicios:** ¿Qué productos o servicios ofrecen? ¿Cuáles son sus principales características? ¿Cuáles son sus precios?

- **Mercado objetivo:** ¿A qué segmento de mercado se dirigen? ¿Quiénes son sus clientes ideales?
- **Canales de distribución:** ¿Cómo distribuyen sus productos o servicios? ¿Cuáles son sus principales canales de venta?
- **Estrategias de marketing:** ¿Cuáles son sus estrategias de marketing? ¿Cómo se comunican con los clientes? ¿Qué canales utilizan?
- **Fortalezas y debilidades:** ¿Cuáles son sus fortalezas y debilidades en comparación con su empresa?
- **Ventajas competitivas:** ¿Cuáles son sus ventajas competitivas? ¿Qué las hace únicas?

Un ejemplo de perfil de competidor podría ser:

- **Empresa:** [Nombre de la empresa]
- **Productos principales:** Software CRM para pequeñas empresas
- **Mercado objetivo:** Pequeñas empresas con menos de 50 empleados
- **Canales de distribución:** Sitio web, mercado en línea, asociaciones con consultores
- **Puntos fuertes:** Facilidad de uso, integración con otras herramientas, precio competitivo.
- **Debilidad:** Personalización limitada, atención al cliente no siempre receptiva

Cómo integrar el análisis de la competencia en su estrategia

El análisis de la competencia no es una actividad aislada, sino que debe integrarse en la estrategia general de la empresa. Aquí hay algunas maneras de hacerlo:

- **Desarrollo de nuevos productos y servicios:** utilice la información que recopile para identificar nuevas oportunidades de productos o servicios y diferenciarse de sus competidores.
- **Posicionamiento en el mercado:** Definir una posición de mercado clara y distintiva en comparación con los competidores.
- **Definición de estrategia de marketing:** Adaptar las estrategias de marketing en función de las acciones de la competencia.
- **Precios:** Establecer precios competitivos y justificar cualquier diferencia de precios frente a los competidores.
- **Mejorar su oferta:** identifique áreas en las que puede mejorar su oferta y superar a sus competidores.
- **Identificar nuevos nichos de mercado:** Descubrir nuevos nichos de mercado que aún no están atendidos por los competidores.

Herramientas útiles para el análisis de la competencia:

- **Google Analytics:** para analizar el tráfico en sitios web de la competencia.
- **SEMrush:** Para analizar las palabras clave utilizadas por los competidores, su perfil de backlinks y mucho más.
- **SimilarWeb:** Para analizar el tráfico y el comportamiento de los usuarios en sitios web de la competencia.
- **Análisis de redes sociales:** para analizar la presencia de los competidores en las redes sociales.

En conclusión , el análisis de la competencia es una herramienta fundamental para mantenerse competitivo en el mercado. Permite comprender mejor el contexto en el que opera la empresa, identificar oportunidades y amenazas, y tomar decisiones estratégicas más informadas.

¿Qué es la arquitectura de la información?

de la Información **(AI)** es la disciplina que se encarga de organizar y estructurar la información para que los usuarios puedan encontrarla fácilmente y comprenderla rápidamente. En esencia, define la estructura de un sitio web o aplicación.

El mapa del sitio: una herramienta práctica

Un **mapa del sitio** es una representación visual de la estructura de un sitio web. Es como un mapa que muestra las páginas del sitio y su relación entre sí. No es necesariamente un documento público, pero es una herramienta esencial para diseñadores y desarrolladores.

Tipos de mapas de sitio:

- **Mapa del sitio jerárquico:** muestra la estructura del sitio en forma de árbol, con las páginas principales como ramas y las subpáginas como hojas.
- **Mapa del sitio en formato wireframe:** combina la estructura jerárquica con elementos de diseño para mostrar cómo se mostrarán las páginas.

Clasificación de tarjetas: un método de investigación de usuarios

La clasificación de tarjetas es una técnica de investigación de usuarios que permite comprender cómo organizan la información. Se basa en el principio de pedirles que agrupen una serie de tarjetas (que representan contenido o funcionalidad) en categorías lógicas.

Tipos de clasificación de tarjetas:

- **Clasificación de tarjetas abierta:** los usuarios crean categorías ellos mismos.

- **Clasificación de tarjetas cerradas:** los usuarios asignan tarjetas a categorías predefinidas.

Integración de la IA en el proceso de diseño

La IA es una parte fundamental del proceso de diseño. Aquí te explicamos cómo integrarla:

- **Análisis de contenido:** Identificar el contenido clave y las relaciones entre ellos.
- **Creación de la estructura:** definir la jerarquía de la información y la navegación principal.
- **Clasificación de tarjetas:** Valide la estructura con los usuarios a través de la clasificación de tarjetas.
- **Prototipado:** Creación de prototipos para probar la estructura y la navegación.
- **Iteración:** modificar la estructura en función de los comentarios de los usuarios y los resultados de las pruebas.

La importancia de la IA:

Una buena IA es esencial para:

- **Facilite la navegación:** permita que los usuarios encuentren fácilmente lo que buscan.
- **Mejorar la usabilidad:** hacer que el sitio o la aplicación sean más intuitivos y fáciles de usar.
- **Aumentar la satisfacción del usuario:** proporcionar una experiencia de usuario positiva.
- **Apoya el SEO:** mejora la visibilidad de tu sitio en los motores de búsqueda.

En conclusión , la arquitectura de la información es un elemento clave para el éxito de cualquier proyecto digital. Al combinar la creación de mapas de sitio, el uso de la clasificación de tarjetas y un proceso de diseño iterativo, es posible crear estructuras de información eficaces y fáciles de usar.

Wireframing y creación de prototipos: cómo hacerlo

Wireframing y creación de prototipos: una descripción general

El wireframing y **la creación de prototipos** son dos fases cruciales en el proceso de diseño de un producto digital .

- **Wireframing:** Es la creación de una estructura esquemática de una interfaz de usuario, centrándose en la disposición de los elementos y el flujo de trabajo. Los wireframes suelen ser en blanco y negro y no incluyen detalles gráficos.

- **Prototipado:** Es la creación de una versión interactiva de un producto digital que simula el comportamiento del usuario. Los prototipos pueden ser de baja, media o alta fidelidad, según el nivel de detalle requerido.

Los cinco pasos para crear wireframes

1. **Definición de objetivos:** Define claramente los objetivos del wireframe. ¿Qué quieres comunicar? ¿A quién va dirigido?
2. **Recopilación de contenido:** identificar todo el contenido que debe incluirse en el wireframe.
3. **Creación de la estructura:** definir la jerarquía de la información y el diseño general de las páginas.
4. **Elección de elementos:** Seleccione los elementos esenciales para representar el contenido (cuadros, líneas, textos de marcador de posición).
5. **Iteración:** revisar y modificar el wireframe en función de los comentarios recibidos.

Herramientas de wireframes

- **Lápiz y papel:** el método más fácil y rápido.
- **Software de dibujo:** Adobe Illustrator, Sketch, Figma.
- **Herramientas específicas:** Balsamiq, Wireframe.cc, InVision.

Pasos para crear un prototipo

1. **Elegir un nivel de fidelidad:** decide si quieres crear un prototipo de baja fidelidad, fidelidad media o alta fidelidad.
2. **Selección de herramientas:** elija la herramienta que mejor se adapte a su nivel de fidelidad deseado.
3. **Integración de wireframes:** utilice wireframes como base para su prototipo.
4. **Añadir interactividad:** hacer que el prototipo sea interactivo y se pueda hacer clic.
5. **Prueba de usuario:** utilice el prototipo para realizar pruebas de usabilidad y recopilar comentarios.

Herramientas de creación de prototipos

- **Software de creación de prototipos:** InVision, Figma, Adobe XD, ProtoPie.
- **Herramientas de desarrollo:** HTML, CSS, JavaScript para prototipos de

alta fidelidad.

En conclusión , el wireframe y el prototipado son dos fases complementarias del proceso de diseño. Los wireframes ayudan a definir la estructura y el flujo de la interfaz, mientras que los prototipos permiten probar la experiencia del usuario y recopilar comentarios.

Las pruebas de usabilidad son un método de investigación de usuarios que permite evaluar la facilidad de uso de un producto o servicio. Consiste en observar cómo interactúan los usuarios con un producto o servicio para identificar problemas de usabilidad y obtener retroalimentación sobre sus experiencias.

Tipos de pruebas de usabilidad

Existen diferentes tipos de pruebas de usabilidad, cada uno con sus objetivos específicos:

- **Pruebas de usabilidad en laboratorio:** Se realizan en un entorno controlado, con el usuario interactuando con el producto bajo la observación de los investigadores.
- **Pruebas de usabilidad en campo:** Se realizan en el entorno natural del usuario, observando cómo utiliza el producto en sus condiciones cotidianas.
- **Pruebas de usabilidad remotas:** Se realizan de forma remota, utilizando herramientas como software de videoconferencia y grabación de pantalla.
- **Prueba de usabilidad moderada:** un moderador guía al usuario a través de la prueba, haciendo preguntas y observando el comportamiento.
- **Prueba de usabilidad no moderada:** El usuario completa la prueba sin la intervención de un moderador, proporcionando retroalimentación a través de cuestionarios o grabaciones de vídeo.

Cómo realizar una prueba de usabilidad

1. **Establecimiento de objetivos:** Establezca claramente los objetivos de la prueba. ¿Qué desea averiguar?
2. **Selección de participantes:** identificar el perfil de usuario objetivo y reclutar participantes representativos.
3. **Preparación de materiales:** Preparar el prototipo o producto a probar, la tarea a realizar y el cuestionario.
4. **Selección del método:** decida el tipo de prueba de usabilidad más adecuado según sus objetivos y los recursos disponibles.
5. **Realización de la prueba:** Observe a los usuarios mientras interactúan con el producto, registre sus acciones y verbalizaciones.
6. **Análisis de datos:** analizar los datos recopilados para identificar

problemas de usabilidad y sugerencias para mejorarlos.

7. **Redacción de informes:** documentar los resultados de las pruebas y presentar recomendaciones.

Consejos para una buena prueba de usabilidad:

- **Crear un ambiente relajado:** El usuario debe sentirse cómodo.
- **Escuche atentamente:** observe el comportamiento del usuario y escuche sus verbalizaciones.
- **Evite sugerir soluciones:** deje que el usuario explore el producto por su cuenta.
- **Tome notas detalladas:** registre todo lo que sucede durante la prueba.
- **Analizar datos en profundidad:** buscar patrones y tendencias en el comportamiento de los usuarios.

Herramientas útiles para pruebas de usabilidad:

- **Software de grabación de pantalla:** para grabar las acciones del usuario.
- **Software de videoconferencia:** para realizar pruebas remotas.
- **Software de análisis de datos:** Para analizar resultados de pruebas.

En conclusión , las pruebas de usabilidad son un método fundamental para mejorar la experiencia del usuario. Siguiendo estos pasos y utilizando las herramientas adecuadas, puede obtener información valiosa para optimizar sus productos y servicios.

Errores épicos y diseño UX: cómo evitarlos

¿Qué es un "fracaso épico"?

Un **fallo épico** es un fracaso espectacular, un error grave con consecuencias significativas y negativas, a menudo de carácter público. En el contexto del diseño UX, un fallo épico podría ser una aplicación que no funciona, un sitio web que confunde a los usuarios o un producto digital que no satisface sus necesidades.

Cómo reducir las posibilidades de un fracaso épico en diferentes etapas del proceso de diseño UX

Para minimizar el riesgo de un fracaso rotundo, es fundamental seguir un proceso de diseño de UX riguroso y detallado. A continuación, se presentan algunas estrategias para cada fase:

- **Investigación:**
  - **Define claramente tus objetivos:** entiende exactamente lo que quieres lograr con tu producto.

- **Involucre a los usuarios:** realice entrevistas, pruebas de usabilidad y otras investigaciones para comprender profundamente sus necesidades.
- **Ideación:**
  - **Lluvia de ideas creativa:** generar una gran cantidad de ideas y evaluar las más prometedoras.
  - **Prototipado rápido:** crea prototipos simples para probar rápidamente tus ideas.
- **Diseño:**
  - **Siga las pautas de UX:** aplique principios de usabilidad como las 10 heurísticas de Nielsen (ver a continuación).
  - **Utilice herramientas de diseño:** utilice herramientas como Figma, Sketch o Adobe XD para crear diseños consistentes y profesionales.
- **Desarrollo:**
  - **Colaboración estrecha:** asegúrese de que los diseñadores y desarrolladores trabajen en estrecha colaboración.
  - **Pruebas continuas:** realice pruebas durante todo el proceso de desarrollo para identificar y solucionar cualquier problema.
- **Lanzamiento y post lanzamiento:**
  - **Monitoreo:** utilice herramientas de análisis para monitorear el uso del producto e identificar cualquier problema.
  - **Actualizaciones continuas:** recopile comentarios de los usuarios y publique actualizaciones periódicas para mejorar el producto.

Los mini fracasos épicos

Aunque no tienen el impacto de un fallo épico a gran escala, **los mini fallos épicos** son pequeños errores de diseño que pueden causar frustración a los usuarios. Por ejemplo, un botón demasiado pequeño, texto difícil de leer o información faltante. Estos pequeños errores, si no se corrigen, pueden acumularse y generar una mala experiencia de usuario.

Las diez heurísticas de Jakob Nielsen

Las Diez Heurísticas de Nielsen son un conjunto de principios de usabilidad que pueden ayudar a prevenir errores garrafales. Fueron desarrolladas por Jakob Nielsen y Rolf Molich y aún se consideran una referencia en el campo del diseño UX.

1. **Visibilidad del estado del sistema:** El usuario debe estar siempre informado sobre el estado del sistema.
2. **Correspondencia entre el sistema y el mundo real:** El lenguaje y las convenciones utilizadas deben ser familiares para el usuario.

3. **Control y libertad del usuario:** el usuario debe sentirse libre de controlar el sistema y deshacer acciones fácilmente.
4. **Coherencia y estándares:** El sistema debe ser consistente tanto internamente como con los estándares de la industria.
5. **Prevención de errores:** el diseño debe ayudar a prevenir errores y proporcionar mensajes de error claros y constructivos.
6. **Reconocimiento en lugar de recuerdo:** el usuario debería poder reconocer elementos, no tener que recordarlos.
7. **Flexibilidad y eficiencia de uso:** El sistema debe ofrecer tanto modos de uso rápidos para usuarios expertos como modos más guiados para principiantes.
8. **Estética y diseño minimalista:** El diseño debe ser simple y funcional.
9. **Ayuda y documentación:** la ayuda debe ser fácil de encontrar y comprender.
10. **Reconocimiento, diagnóstico y recuperación de errores:** los errores deben ser fáciles de identificar y corregir.

En conclusión , para evitar fallos épicos es esencial seguir un proceso de diseño UX riguroso, basado en la investigación de usuarios y en la aplicación de principios de usabilidad como las diez heurísticas de Nielsen.